铁路供电培训教材

供电检测监测技术及应用

《供电检测监测技术及应用》编委会　编

中国铁道出版社有限公司

2025年·北　京

内 容 简 介

本书共分五章，包括概述、检测装置及工作原理、数据分析及应用、典型案例、检测装置及系统的维修管理。本书以检测技术原理、数据分析为出发点，以接触网岗位必备技术技能为关键点，以铁路运营实践中发生的典型案例为着力点，由浅入深，循序渐进，系统全面地阐述了接触网检测监测技术知识。

本书适用于新入职大学生及现场操作技能人员、专业技术人员的培训和自学，同时也可作为供电专业资格性、适应性培训教材。

图书在版编目(CIP)数据

供电检测监测技术及应用 /《供电检测监测技术及应用》编委会编. -- 北京 : 中国铁道出版社有限公司, 2025. 1. -- (铁路供电培训教材). -- ISBN 978-7-113-31702-7

Ⅰ. U223.6

中国国家版本馆 CIP 数据核字第 2024VU4613 号

书　　名：**供电检测监测技术及应用**
作　　者：《供电检测监测技术及应用》编委会

责任编辑：魏　娟　　**编辑部电话**：(010)51873315
编辑助理：刘雪庭
封面设计：刘　莎
责任校对：苗　丹
责任印制：高春晓

出版发行：中国铁道出版社有限公司(100054，北京市西城区右安门西街 8 号)
网　　址：https://www.tdpress.com
印　　刷：北京盛通印刷股份有限公司
版　　次：2025 年 1 月第 1 版　2025 年 1 月第 1 次印刷
开　　本：787 mm×1 092 mm 1/16　**印张**：8.25　**字数**：192 千
书　　号：ISBN 978-7-113-31702-7
定　　价：58.00 元

编 委 会

前　言

高速铁路作为中国一张响亮的名片已经走上世界舞台。中国铁路广州局集团有限公司作为高速铁路大局、客运大局，为适应新时代我国铁路高速发展的需要，努力实现“交通强国、铁路先行”的铁路梦，培养和打造专业技能精湛、操作技能精准的高素质人才队伍，组织编写了《供电检测监测技术及应用》。本书适用于新入职大学生及现场操作技能人员、专业技术人员的培训和自学，同时也可作为供电专业资格性、适应性培训教材。

《供电检测监测技术及应用》共分五章，包括概述、检测装置及工作原理、数据分析及应用、典型案例、检测装置及系统的维修管理。本书秉承“理论指导实践，实践验证理论”的原则，以检测技术原理、数据分析为出发点，以接触网岗位必备技术技能为关键点，以铁路运营实践中发生的典型案例为着力点，由浅入深，循序渐进，系统全面地阐述了接触网检测监测技术知识。

由于编者的水平及精力有限，书中内容不全面、不恰当的地方在所难免，欢迎广大读者及业内专家学者提出批评、指正意见，以便编者对本书内容不断地改进和完善。同时，在本书的编写过程中还参阅了相关文献资料，在此对有关作者一并表示感谢。

编　者

2024 年 8 月

目　　录

第一章　概　　述

第一节　接触网的基本特性和运营要求

一、接触网的基本特性

接触网是牵引供电系统的重要组成部分，是电气化铁路交通系统的标准性建筑物，是特殊的电力输电线路。因其服务对象的特殊性，动车组(图 1-1)和电力机车(图 1-2)需要从接触网上获取电能，使得表面看起来仅由几根导线组成的、结构并不复杂的接触网变得非常复杂。接触网的复杂性不在其本身，而在于弓与网之间的匹配以及为满足这种匹配所提出的对弓和网的性能要求和实现方法。

图 1-1　动车组

图 1-2　电力机车

因此，接触网实际上包含了输电和与受电弓动态配合的问题，由此造成接触网在机电性能上受到极其严格的限制和要求。这些限制和要求造成接触网在环境、负荷、机电、学科研究等方面都大大不同于一般高压电力输电线。

(一)接触网的环境特性

接触网具有典型的环境特性，这里的环境包括空间、气候、电磁、运营四个方面。

1. 空间环境

接触网沿轨道线路架设，空间位置受到车辆限界、建筑限界、电气安全距离以及弓网几何关系的严格制约。接触网的所有几何参数都是以线路中心线和轨道平面组成的直角坐标系为参照的。因此，接触网的确切空间位置取决于线路空间位置、受电弓几何形状与尺寸、受电弓安装位置、受电弓动态包络线、车辆限界、建筑限界等因素。除此以外，空间环境问题还包括接触网与动物、植物、自然景观、人文景观等方面。

2. 气候环境

接触网是露天电气设备，接触网的机电参数和技术状态与大气环境中的温度、湿度、冰、雪、风、霜、雾霾、污染、雷电等密切相关。接触网线索的张力、弛度、抗拉强度、载流容量，接触悬挂的弹性、空间姿态、电气强度和安全，接触线与受电弓滑板间的磨耗和接触电阻都要受到大气环境的影响。在表征大气环境的所有气象参数中，温度、风速、覆冰称为气象三要素，决定着接触网众多机电参数的取值。

3. 电磁环境

牵引供电系统是典型的不对称供电网络。其最大的特点是回路四周的电磁场处于不平衡状态，未被平衡的空间电磁场使接触网与其四周的金属体和通信线路之间存在电磁耦合，产生不同程度的影响，如：电击、击伤、绝缘击穿、热负荷超限、故障等。

4. 运营环境

接触网的运营环境涉及电力牵引单元特性、受电弓特性和几何尺寸、运营组织方式等。

（二）接触网的负荷特性

接触网承担的电力牵引负荷具有波动和移动两个明显特征，对某一供电臂而言，负荷的大小是随机的，负荷的位置也是随机的，这些变化会引起整个牵引回路的电气参数发生变化，使整个牵引供电回路处于过渡状态。牵引负荷的波动特性和移动特性使接触网设备和牵引供电设备几乎完全处于电气过渡状态，承受很大的电气冲击。因此，接触网发生短路和击穿的概率要远高于一般电力架空输电线路。

（三）接触网的机电复合特性

接触网的本质是高压输电线，首先必须满足牵引供电在载流容量、电气强度、电压水平、绝缘安全、短路容量和过负荷能力等方面的技术要求；其次为满足高速弓网稳定取流的需要，接触网和承力索分别加有一定的补偿张力，使得接触网的机械负荷大大增加，加之覆冰和风摆在接触网线索上产生的附加负载，使接触网对线索和设备的机械性能要求突显，机械安全和稳定性要求更高，要求接触网必须具备良好的机械性能才能抵御因补偿张力和附加负载所产生的拉、压、剪、切、扭等机械作用。所以说，接触网具有典型的机电复合特性。

（四）接触网的学科特性

在电气化铁路中，存在路网（线路，含桥隧）耦合、轮轨耦合、车辆与转向架耦合、车辆与受电弓耦合、弓网耦合、运输组织与接触网耦合等耦合，弓网耦合是这些耦合中最薄弱的，其他耦合均会直接或间接影响弓网耦合的效果和质量。线路和车辆分别是接触网和受电弓的承载体，轮轨耦合状态会通过车辆影响受电弓的运行状态，线路的振动会影响接触网的状态，这些影响都会对弓网耦合造成决定性的作用；反之，接触网的振动影响不了线路，弓网耦合关系也影响不了轮轨耦合。轮轨耦合具有主动性和制约性，弓网耦合具有被动性和综合性。

接触网工程虽然涉及多个专业，但终因其应用领域相对有限，且这些专业本身并不受制于接触网工程，不会过多关注和研究弓网集流问题，只有依赖接触网专业领域的人才培养和学科建设才能从根本上使弓网集流理论以及工程设备制造得到发展，才能自觉地从更高层次和更高高度来认识和处理弓网集流问题。

二、接触网的运营要求

为适用铁路的运营环境，接触网应具备以下几方面的基本性能。

（一）具有良好的电气性能

接触网的一个重要技术指标就是接触网的载流容量，包括为适应高速牵引所需的接触网能长期正常工作的工作容量，为适应变电所近端短路的短路容量以及某种状态下产生的过负荷容量。

在正常工作环境下，接触网电压都应保持在额定范围内，电能损耗必须保持在允许范围内；具有适当且合理的保护措施，在任何条件下接触网均不对人员和设备构成安全威胁；具有良好的电磁兼容特性。

接触网带电体与非带电体之间具有必要且充分的电气安全距离，具有有效防止人员触电的技术和措施。

（二）具有良好的机械性能

接触网应具有良好的机械强度、疲劳特性和机械安全裕度，在设计条件和使用期限内，机械负荷不应影响接触网的工作状态和机械安全。

接触网应具有良好的波动和振动特性，满足高速集电对其动态特性（如波动传播速度、多普勒因数、反射系数、动态抬升）的基本要求。

（三）具备良好的环境适应能力

在设计条件和使用期限内，不会因温度、湿度、雨雪、风霜、冰雾、雷电造成接触网设备的损坏，也不会因这些因素影响接触网机电性能的正常发挥。

（四）具备稳定的空间几何参数

接触网的几何参数是以轨道线路中心线和轨道平面为基准测量的，轨道线路的位置、曲线半径、外轨超高、竖曲线半径、线路坡度及其变化率、钢轨不平顺度等参数的变化会直接造成接触网空间姿态和几何参数的被动变化。线路参数和接触网参数必须协调一致，同步调整；接触网所有设备的安装均应满足铁路限界和绝缘安全要求，并应与四周环境协调。

（五）具有灵活合理的电气分段

接触网应具有合理的电气分段，使供电灵活、安全，事故影响范围小，便于检修、抢修和运营管理。

第二节　接触网检测技术的发展

为了掌握接触网的运行状态，需要及时对接触网进行监测、检测；为了保证接触网设备的良好状态，需要对接触网进行适当维修、维护，在维护前后需要对接触网进行监测、检测。在此基础上逐渐发展起接触网监测、检测技术。电气化铁路比重较大的国家均在研制适合自身实际的接触网检测设备。

在我国，接触网运营里程长、车流密度大、车速有高有低，接触网维修的天窗时间短，因此，接触网检测设备要具备产品多样化、高速化、接触与非接触检测并存、应用先进传感器、检测结果以多种方式输出、检测设备方便使用与容易维护、图像与检测结果的合成等特点。

一、检测技术

检测技术，就是利用各种物理化学效应，选择合适的方法和装置，将生产、科研、生活中的有关信息通过检查与测量的方法赋予定性或定量结果的过程。

二、接触网检测

接触网检测是指利用仪器、设备或人工等方式，对接触网进行检查测量，掌握设备质量运行状态的过程。接触网检测包含监测、静态检测、动态检测、检查、零部件检验五个部分。

(一)监测

监测是指对接触网外观、零部件状态、主导电回路、绝缘状况、外部环境和弓网配合等运行状态进行监视测量的过程,分为移动视频监测和定点监测两种方式。

1. 移动视频监测是指利用安装在检测车辆、机车或动车组上的监测设备对接触网进行外观检查。

2. 定点监测是指利用安装在接触网关键处所、特殊地点的监测设备,监测列车通过时接触网或受电弓状态,接触网设备绝缘状态、温度、位移变化,以及外部环境是否存在异常。

(二)静态检测

静态检测是指利用运行检测车辆在接触网静止状态下进行非接触式测量,或人工使用仪器、工具测量接触网技术状态。

(三)动态检测

动态检测是指利用运行检测车辆测量接触网动态技术状态及弓网接触取流状态。

(四)检查

检查分为巡视检查、全面检查、单项设备检查和非常规检查。

1. 巡视检查是对接触网外观、绝缘部件状态、外部环境及电力机车、动车组取流情况进行目视检查,分为步行巡视检查和登乘巡视检查。

2. 全面检查、单项设备检查具有检查、测量和试验等多重职能。针对无法或不易通过静态和动态检测、监测手段掌握设备及零部件运行状态的所有项目,利用天窗在接触网作业车作业平台、车梯或支柱上进行近距离检查,并进行必要的测量和试验等。全面检查是对所有设备进行检查;单项设备检查是对个别设备进行专项检查,并兼有维护保养职能。

3. 非常规检查是指在特殊情况下进行的状态检查。一般用于在接触网发生跳闸、故障或出现极端天气气候条件和灾害后,对相应接触网设备状态变化、损伤、损坏情况进行检查。非常规检查的范围和手段根据检查目的确定。

(五)零部件检验

零部件检验是指对拆卸送检的接触网零部件进行外观检查、补充特殊试验,确认其质量状态的过程。零部件性能下降、状态劣化,判定即将或基本达到寿命时,应进行更换。

三、国外接触网检测技术的发展

接触网检测技术发展最早的是德国,早在 1951 年就在线路上进行了包括空气动力、受电弓特性和质量、接触悬挂的振动及受流的实验。

法国国营铁路公司的新型接触网检测车可以测试接触网静态几何特性,也可试验受电弓和接触网的动态情况,该车采用 Y32EIS 型转向架,可以在 270 km/h 的运行速度下检测接触网高度和拉出值。此外,还对实际线路的受流实验做了大量工作,取得了改进接触悬挂和受电弓性能实验的良好效果。法国检测技术侧重弓网动态弹性。

日本也是研究接触网检测车较早的国家,在 20 世纪 60 年代初研制开发了测定弹性和受流情况的测试车,不过这些测试车较为简单。1991 年,日本急行电铁公司拥有了集接触网检测、信号检测和无线电检测于一身的新型电气检测车,该车可在 100 km/h 速度下检测接触线的高度、拉出值、定位器坡度、离线、硬点、支柱号和跨距等技术参数。东京都交通局 1991 年研制的接触网检测车上安装有测量接触线磨耗、拉出值、硬点等技术参数的检测装置。日本检测技术侧重弓网离线、接触网磨耗。

英国的各种试验是在实验室内的试验线路上进行的，其实验设备的比例虽有缩小，但各种试验装置及设备都是行之有效的。

匈牙利研制了在高速运行情况下对接触线静态位置和受电弓滑行轨迹进行检测的设备，它采用非接触式图像处理技术，可在 160 km/h 的运行速度下对接触网的动态参数进行检测。

奥地利生产的接触网检测车采用非接触方式测量接触线的高度和拉出值等技术参数，采用接触方式测量弓网接触力等技术参数。非接触检测方式和接触检测方式不能同时使用。奥地利检测技术侧重非接触检测。

四、我国接触网检测技术的发展

我国的接触网检测技术经过几十年的不断发展，已经取得了长足的进步，为电气化铁路事业作出了一定的贡献。接触网检测设备的应用，对预防弓网事故的发生、提高接触网检修效率、降低职工劳动强度发挥了较好的效果。

（一）发展历程

1. 传统人工测量方式

20 世纪 80 年代，我国测量接触网的技术参数大多采用人工测量的方式，采用的测量工具有计算器、道尺、线坠、卷尺、绝缘测杆等比较原始的生产工具，如图 1-3 所示。这种测量方法仅能测量拉出值、导高等少量参数，且测量效率低、误差大。

图 1-3　人工测量接触网技术参数

2. 激光测量仪测量方式

20 世纪 90 年代初，我国开始应用激光测量仪测量接触网静态几何参数，提高了测量效率，减少了测量误差，如图 1-4 所示。

3. 模拟受电弓检测方式

为了确保设备检修质量，对接触网分段、分相、线岔等关键设备检修后，采用模拟受电弓对检修后的关键设备进行平顺性检测。模拟受电弓检测如图 1-5 所示。

图 1-4　激光测量仪测量接触网技术参数

（a）模拟受电弓检测正面

（b）模拟受电弓检测反面

图 1-5　模拟受电弓检测

4. 检测车测量方式

从 20 世纪 80 年代开始，我国将检测设备安装在客车和轨道车上，来测量接触网参数。

5. 电气化铁路供电安全检测监测系统应用

随着电气化铁路的飞速发展，原有的检测技术已不能满足接触网参数测量的精度要求，为了适应高速铁路的快速发展，建设数字化、智能化铁路牵引供电系统，全面掌握供电设备的状态，提高供电安全性、可靠性，我国构建了比较完善的电气化铁路供电安全检测监测系统（以下简称 6C 系统）。

（二）6C 系统简介

1. 6C 系统包括弓网综合检测装置（简称 1C）、接触网安全巡检装置（简称 2C）、车载接触网运行状态检测装置（简称 3C）、接触网悬挂状态检测监测装置（简称 4C）、受电弓滑板监测装置（简称 5C）、接触网及供电设备地面监测装置（简称 6C）和 6C 数据处理中心，如图 1-6 所示。

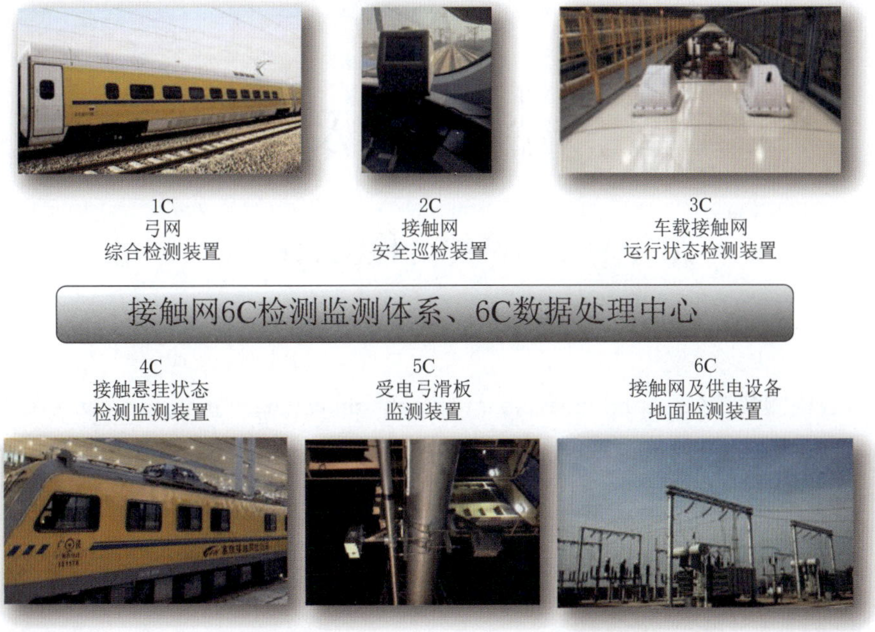

图 1-6　6C 系统及 6C 数据处理中心构成

2. 6C 系统是智能化铁路供电系统的一部分，其技术指标和功能充分考虑电气化铁路供电设备运行维修的需求。所采用的技术和设备是在我国铁路现有成熟技术装备的基础上，充分应用了大数据、物联网、人工智能等先进技术，兼顾正在研发的技术装备和检测监测技术发展。

3. 6C 系统对电气化铁路牵引供电设备进行全方位、全覆盖的综合检测监测，充分发挥“预防为主、超前诊断、动态掌握、指导检修”的作用，提高了供电设备风险防控能力，科学评价接触网设备的运行质量，提升了接触网设备的运行品质和安全可靠性。其中，3C、5C 被称为保障接触网设备安全运行的“天眼”，24 小时不间断对接触网设备进行检测监测，实时掌握弓网运行状态；4C 有保障接触网设备安全运行的“B 超”之称，它能在短时间内拍出多张高清晰度的“B 超”照片，通过这一张张“B 超”单，能够及时发现接触网设备缺陷，确保接触网设备运行安全。

4. 6C 系统把现场接触网设备的海量数据传输给 6C 数据处理中心，使接触网工坐在电脑前就可以分析发现接触网设备上存在的缺陷，极大地提高了检测监测的工作效率，还大大减轻了现场职工的劳动强度。

（三）发展前景

对已经投入使用的检测技术装备，结合实际需要，不断完善功能、综合集成、深度开发，做到数据集中、信息共享、软件兼容，不断优化改进检测技术装置的性能和运行质量；探索引进物联网技术，云计算技术和大数据等前沿技术，搭建综合智能信息化管理平台，实现多系统数据的综合运用分析，真正做到数据动态更新，信息共享，及时智能判断和预警，形成具有开放式架构，全方位、全过程、全覆盖的供电设备综合智能检测体系。

远期，结合技术发展，升级换代，建成具有开放式设计架构，并能兼容其他智能检测监测数据的一套技术先进、功能完善、国际领先的电气化铁路供电安全检测监测系统。检测装置的发展也将更加智能化、信息化、小型化、数字化。

第二章　检测装置及工作原理

第一节　弓网综合检测装置(1C)

一、定　　义

弓网综合检测装置(comprehensive pantograph and catenary monitor device,CPCM)包括高速弓网综合检测装置(简称高速 1C 装置)和普速弓网综合检测装置(简称普速 1C 装置)。高速 1C 装置是安装在高速综合检测列车上的固定检测设备,随着高速综合检测列车的运行测量接触网的状态参数及弓网受流参数,如图 2-1 所示;普速 1C 装置是安装在接触网检测车、检修作业车或其他专用轨道车辆上的固定检测设备,随着车辆的运行测量接触网的状态参数、几何参数等,如图 2-2 所示。

图 2-1　高速综合检测列车

图 2-2　接触网综合检测车

二、功能与作用

(一)功能

1C 装置具有双向检测、综合定位功能;装置的弓网视频监测系统能同步显示主要检测数据和速度、公里标;装置具备视频实时存储、记录、回放功能;具备指定公里标范围内视频导出功能;具有实时处理、分析和存储原始检测数据、读取标准格式线路资料的功能,并可连续实时显示检测数据和波形,可根据检测数据生成缺陷报表和检测报告,能对同一位置的历史检测数据进行对比分析。

(二)作用

1C 装置可测量接触网动态情况下的接触线高度、拉出值、硬点、弓网接触力、网压、速度和公里标等,测量结果用于指导接触网的运行维修。

三、基本组成

1C 装置主要由检测传感设备，弓网视频监视设备，信号传输设备，电源设备，信号采集设备，数据处理、显示和存储设备等构成。根据设备的安装位置可以分为车顶设备、车内设备和车底设备三部分。

（一）车顶设备

车顶设备布局如图 2-3 所示，主要由检测传感设备（含接触网几何参数检测设备、弓网接触力检测设备、弓网加速度检测设备、弓网燃弧检测设备等）、弓网视频监视设备、信号传输设备、信号采集设备等组成。负责各类检测参数（含几何参数、平顺性参数、弓网受流参数等）的实时检测和数据传输。

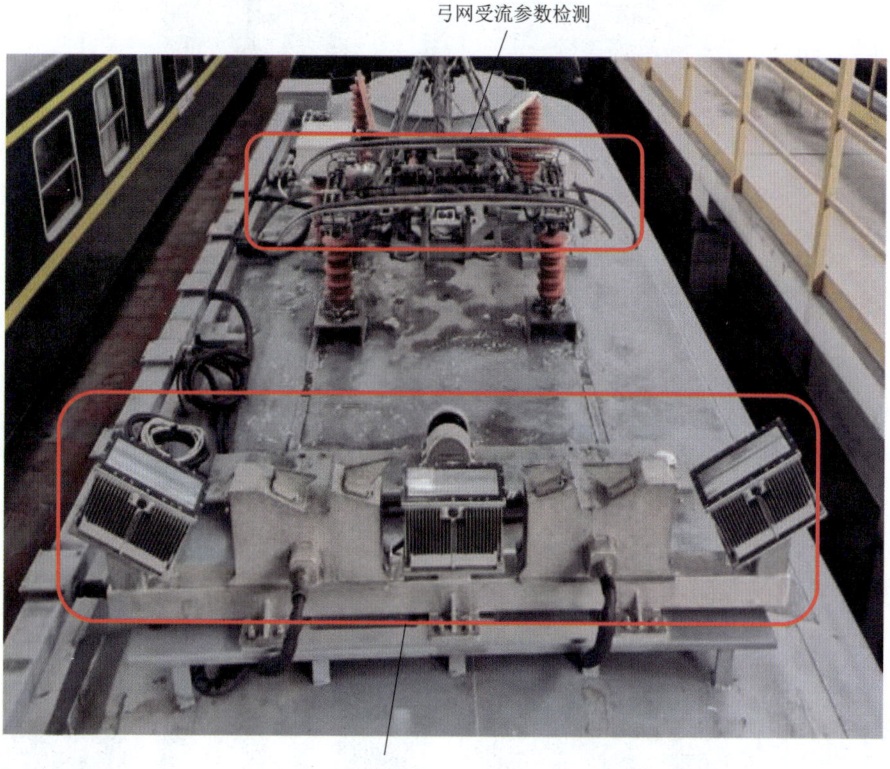

图 2-3　车顶设备布局

（二）车内设备

车内设备主要由信号传输设备，数据处理、显示和存储设备组成。其中数据处理和存储设备位于检测车机柜，如图 2-4 所示。显示设备设置在车内工作台上，如图 2-5 所示。车内设备主要负责检测数据的存储与数据处理，并能实时显示。

（三）车底设备

车底设备由检测传感设备、车底运动补偿设备（图 2-6）、信号传输设备、信号采集设备等组成，其功能主要是消除列车振动对检测参数的影响。

图 2-4　机柜内设备

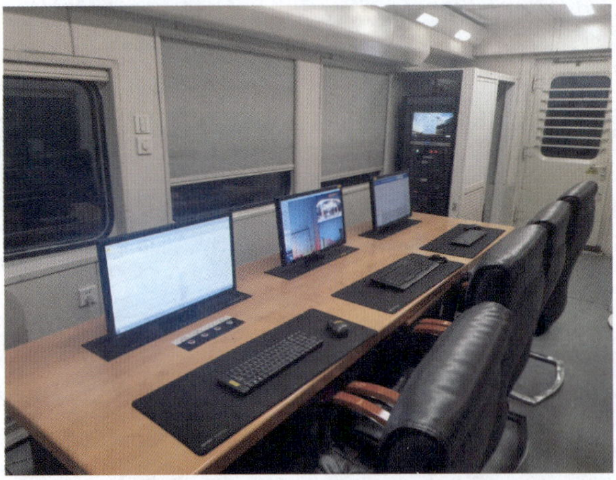

图 2-5　车内工作台和显示设备

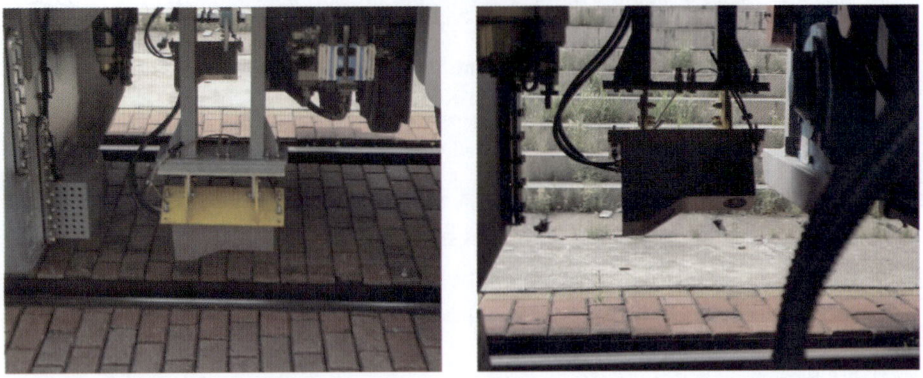

（a）车底补偿装置1　　（b）车底补偿装置2

图 2-6　车底运动补偿设备

四、检测原理

1C 检测主要是对接触网的几何参数、弓网受流性能参数进行动态检测。

（一）几何参数测量原理

几何参数主要包括接触线高度（导高）和拉出值。接触线高度是接触线底面到轨顶连线的垂直距离，接触线高度应尽可能保持一个常量以确保良好的弓网关系。拉出值是接触线和受电弓滑板接触点相对于受电弓中心线的横向偏移量。拉出值呈之字形以确保滑板接触区的磨耗尽可能均匀，且其值不能超过最大允许值。

接触网几何参数检测技术基于多目立体视觉测量原理。通过安装在检测列车顶部的激光器发射出扇面形激光后，接触线与扇面激光交叉（线与面交叉）形成交点，再由安装在车顶的 4 组线阵相机拍摄确定位置，如图 2-7 所示。

图 2-7 中 OXZ 为轨道坐标系，原点 O 为两轨顶面中点；$O'X'Z'$ 为车顶坐标系，原点 O' 为车顶光学梁中点；点 P 为接触线；G_1、G_2、G_3 和 G_4 为四个线阵相机，自左至右布置在车顶垂直于轨道延伸方向的同一断面内，通过调整各线阵相机相对车顶中心的横向位置和安装角度，确保线阵相机的视场都可以覆盖接触线的空间范围；d_1 为车体左侧底部与相应轴端的垂直距离；d_r 为车体右侧底部与相应轴端的垂直距离。

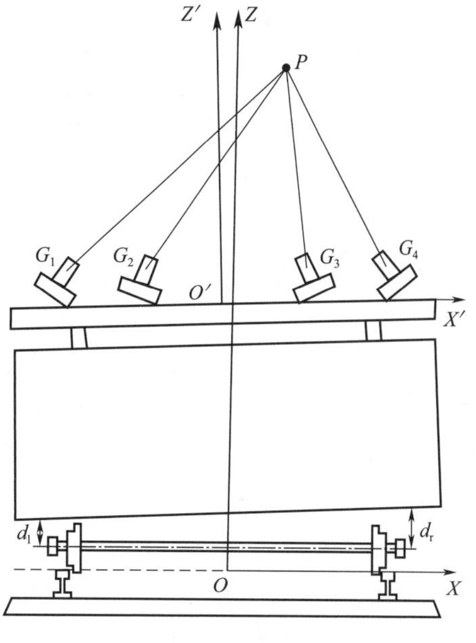

图 2-7　接触网几何参数测量原理

通过外触发方式同步采集四个线阵相机拍摄的点 P 的平面图像，可获得不同角度的点 P 的立体图像。通过实时图像处理和分析获得点 P 在各线阵相机图像中的位置，基于视差原理即可获得点 P 在该断面内的平面位置信息，即其在车顶坐标系 $O'X'Z'$ 的垂向位移和横向位移。

由于拉出值和导高等几何参数是基于轨道坐标系 OXZ 定义的，为获得接触线相对于轨顶平面的空间位置，必须将点 P 在车顶坐标系 $O'X'Z'$ 下的测量坐标转换成轨道坐标系 OXZ 下的测量坐标。在实际测量中，主要考虑车体在 OXZ 平面内的转动以及沿 OX 轴和 OZ 轴的平移。因此，在车底安装三个位移传感器测量车体相对钢轨平面的运动姿态，其中左、右两侧各安装一个垂向位移计测量车体左右两端的垂直位移 d_1 和 d_r，并计算获得车体在 OXZ 平面内的转动及沿 OZ 轴的平移，安装一个水平位移计测量车体沿 OX 轴的平移。根据车体运动姿态测量结果对几何参数测量结果进行修正，从而保证几何参数测量的准确性。

（二）弓网受流性能参数检测原理

弓网受流性能参数包括弓网接触力、硬点、燃弧。

1. 弓网接触力

弓网接触力为受电弓施加于接触线垂直方向上的力。为确保弓网间的可靠受流，受电弓与接触线之间要有一定的接触压力。但若接触网与受电弓间作用力过大，会导致磨耗剧烈增加，缩短弓网的使用寿命；反之，若接触网与受电弓之间的作用力不够，则会导致离线，引起燃弧，烧损接触线。为保证最佳的弓网关系，接触力应连续且尽可能为一个常量。弓网接触力示意如图 2-8 所示。

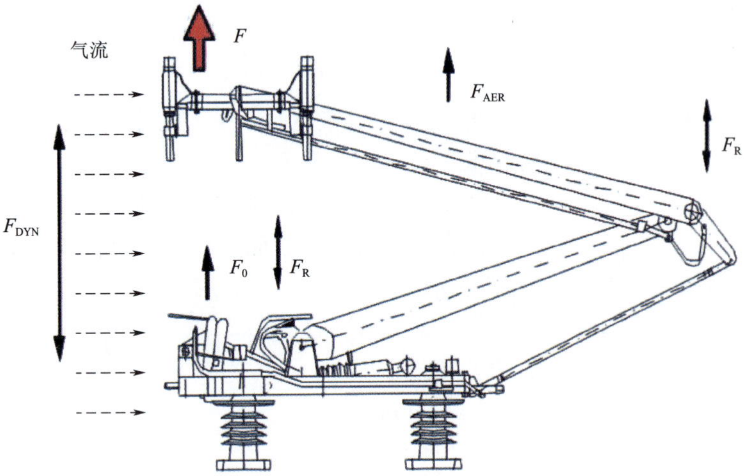

图 2-8　弓网接触力示意

由图 2-8 可计算得到弓网接触力为

$$F = F_0 \pm F_R + F_{AER} \pm F_{DYN} \tag{2-1}$$

式中　F——弓网接触力：受电弓垂直作用到接触网上的力；

F_0——静态接触力：停车时，传动系统使受电弓垂直作用到接触网上的力；

F_R——摩擦阻力：关节间摩擦产生的力，与弓头运行方向相反；

F_{AER}——空气动力：气流对受电弓的作用力；

F_{DYN}——动态分力：由垂直振动引起的惯性力。

由式(2-1)可以看出，当弓头向上运动时，F_R 和 F_{DYN} 方向向下。一般情况下，弓头运行到最高点时，受电弓施加在接触网上的瞬时接触力达到最小，出现接触力最小值。同理，当弓头向下运动时，F_R 和 F_{DYN} 方向向上。一般情况下，弓头运行到最低点时，受电弓施加在接触网上的瞬时接触力达到最大，出现接触力最大值。

根据上述理论，为了在列车高速运行状态下精确测量动态接触压力，在受电弓滑板两端的支撑点安装两个压力传感器测量对滑板的反作用力，如图 2-9 所示。

通过采集压力传感器和惯性补偿加速度计的信号，根据受电弓归算质量，进行同步融合处理和矢量叠加，得到惯性补偿后的动态接触力，再结合测试得到的不同速度等级下受电弓的空气动力抬升力，可精确测量动态接触力。以跨为统计单位，对一跨内采集的所有动态接触力进行实时统计分析，可得到一跨内的最大接触力 F_{max}、最小接触力 F_{min}、平均接触力 F_{mean} 和动态接触力标准偏差 σ。

弓网动态接触力随速度呈二次曲线关系，在保持速度恒定时，将在一定范围内波动，为此采用弓网接触力的幅值和偏离均值的程度来评价接触力。

2. 硬点

硬点是指接触线底面不平顺或接触线铅垂弹性突变的点，通常用受电弓滑板滑行时垂直

图 2-9　压力传感器安装示意

方向上加速度的最大值来表示。硬点的存在会对受电弓造成冲击，甚至产生离线，影响受流质量及弓网寿命。

通过在受电弓弓头上安装两个加速度传感器测试受电弓弓头的振动，以反映接触线的平直度状态。为了测量硬点冲击，通过对受电弓进行改造，在两个滑板底部与支持机构间共安装两个压电式加速度传感器测量弓网弹性系统的振动特性，如图 2-10 所示。

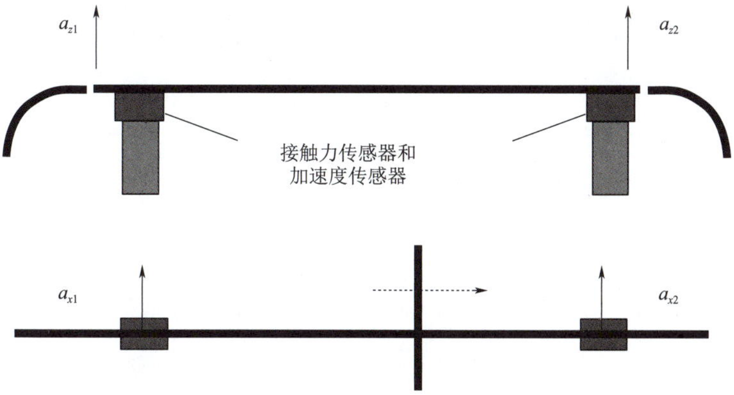

图 2-10　硬点检测原理

定义滑板垂直振动分别为 a_{z1}、a_{z2}，滑板合成后的垂直振动为 $a_{z合}$，则

$$a_{z合}=\frac{a_{z1}+a_{z2}}{2} \tag{2-2}$$

定义滑板纵向振动分别为 a_{x1}、a_{x2}，滑板合成后的纵向振动为 $a_{x合}$，则

$$a_{x合}=\frac{a_{x1}+a_{x2}}{2} \tag{2-3}$$

硬点测量的关键是分析清楚受电弓的固有振动频率，以及弓网高速振动状态下的振动频率，以有效采集弓网相互作用的振动。根据受电弓模型研究，以及针对不同接触网结构类型的弓网耦合动力学模型可知硬点测量的有效频率范围。

3. 燃弧

燃弧是指受电弓滑板机械脱离接触线而产生的电火花，它可以反映接触网受流的性能，通过所发出的强光来表示。燃弧的光波范围分布非常宽，可见光、紫外光和红外光皆有，它的光波长范围与受电弓碳滑板和接触线的材质有关（铜 220～225 nm，铜合金 323～329 nm）。由于太阳光的光波中紫外光的成分很低，主要为可见光和红外光，为了避免外界自然光的影响，采用检测紫外光的弧光感应传感器（图 2-11）来进行燃弧检测。该传感器采用紫外镜头，并添加对大于 330 nm 波长光进行截止的滤光片，确保数据准确性。通过弧光感应传感器检测到燃弧，并记录燃弧时长。

图 2-11　弧光感应传感器

五、主要技术指标

1C 装置的测量方法和检测设备安装应充分考虑高速综合检测列车或接触网综合检测车的运行条件，同时又要适应接触网检修和受电弓检修的需要。主要技术要求如下：

(一)检测设备技术指标

检测设备的技术指标应满足表 2-1 的要求，且检测数据按照等距离输出，其输出间隔应小于或等于 250 mm。

表 2-1　检测设备技术指标

检测参数	测量范围	分辨力	最大允许误差
接触线高度	5 000～7 000 mm	1 mm	±10 mm
拉出值	−625～625 mm	1 mm	±10 mm
硬　点	0～980 m/s²	10 m/s²	±10 m/s²
弓网接触力	0～500 N	1 N	±5 N
燃弧时间	0～500 ms	1 ms	±2 ms
接触线间水平距离	0～800 mm	1 mm	±20 mm
接触线间垂直距离	0～500 mm	1 mm	±20 mm
支柱位置定位	—	—	1%
速　度	高速：0～400 km/h 普速：0～200 km/h	0.1 km/h	±0.1 km/h
跨　距	0～80 m	0.1 m	1%
公里标	0～10 000 km	0.1 m	±50 m

(二)弓网视频监控技术指标

弓网视频监控分辨率不低于 1 024×1 024，帧率不低于 100 fps。

六、检测实施

高速综合检测列车上的1C装置由基础设施检测中心组织实施，运营高速铁路1C动态检测周期为15天；普速接触网综合检测车上的1C装置由配属单位组织实施，普速电气化铁路1C动态检测周期为3个月。

1C装置检测获得的数据数量庞大且复杂，为了便于分析以及使用，可以借助接触网波形分析软件来进行操作，通过接触网波形分析软件可以将接触网检测系统的各检测项目以波形图的方式在计算机屏幕上进行展示，如图2-12所示。

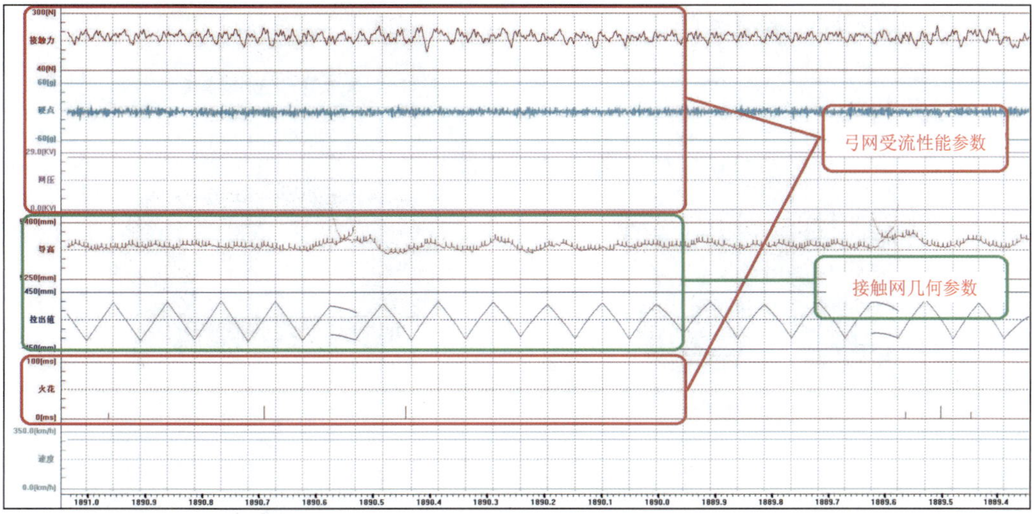

图2-12　检测结果展示

第二节　接触网安全巡检装置(2C)

一、定　　义

接触网安全巡检装置(catenary-checking video monitor device，CCVM)，是指通过在运营的动车组(或机车)司机室内临时架设便携式设备，对接触网的状态及外部环境进行视频采集，采集结果用于指导接触网运行维护的一种安全检测装置。

二、功能与作用

(一)功能

对接触悬挂、支持装置、附加悬挂等进行高清图像采集；能根据需要对视频信息进行分割；记录所发现的缺陷及其对应的公里标和(或)支柱号等定位信息，统计并形成缺陷库，自动生成报告(报表)；形成一杆一档的图像数据库，能对同一位置的历史巡检结果进行对比分析；具备图像浏览、视频检索、图像标记、支柱(吊柱)定位等功能；具备巡视过程遥控标记缺陷、切换站区功能。

（二）作用

与传统人工步行巡视、轨道车巡检方式进行互补，监测接触网设备有无明显脱、断、偏移及其他异常情况，有无鸟巢、危树等可能危及接触网供电的周边环境因素，有无侵入限界、妨碍机车车辆运行的障碍等。

三、基本组成

2C 装置由高清成像相机组、同步控制模块、光源模块、综合处理平台、电源管理模块、人机交互设备、固定支架等组成，如图 2-13 所示。

（a）装置正面图　　（b）装置反面图

图 2-13　2C 装置构造

四、检测原理

两台相机采用高感光芯片，通过采集卡进行同步控制，针对不同检测对象进行图片拍摄，通过采集卡对采集的图像压缩处理，采用固态硬盘能够满足大量采集数据的写入和存储，将线上采集的检测数据转移至后台，通过分析软件进行数据分析。检测原理如图 2-14 所示。

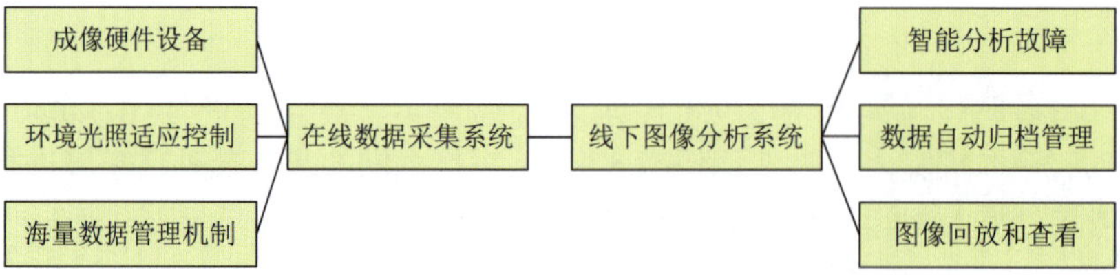

图 2-14　检测原理

2C 系统组成包括高清成像及图像处理分析两大模块，如图 2-15 所示。其中高清成像模块主要是对接触网线路的全景和设施的关键区域进行成像。高清成像模块由数据采集软件和硬件模块组成，包括成像采集、中央处理、显示触控、远程控制、电源管理、远程显示和移动存储等功能单元。图像处理分析模块主要包括图像浏览、缺陷管理、基础数据管理、报表管理以及算法服务等功能单元。由高清成像模块采集并存储到移动存储中的图像数据可连接到装有数据分析软件的 PC 端供分析人员离线分析。

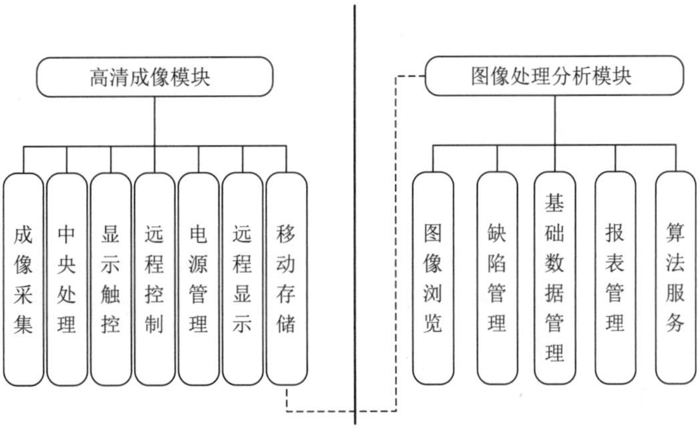

图 2-15　2C 装置整体框架

五、主要技术指标

高清成像模块至少包括接触网全景成像和关键区域成像。全景成像能够覆盖巡检线路的接触网设备及相关周边环境，关键区域成像能对接触悬挂、定位支持装置、附加悬挂等拍摄。高清成像模块能适应较强的光线变化，能适应隧道区段的巡检要求，图像清晰度能够分辨零部件的脱落、断裂等明显缺陷。

全景图像和关键区域图像应同步，装置应提供不小于 5 000 km 线路检测图像与数据的存储空间，装置功率不大于 100 W，电池续航时间不低于 5 h。

（一）高清成像

1. 成像范围和分辨率

（1）成像范围：巡检线路的接触网设施及相关周边环境。

（2）分辨率：装置全景图像分辨率不低于 1 024×1 024，接触网关键区域（包括接触悬挂、支持装置、附加悬挂等）图像分辨率不低于 2 048×2 048。

（3）采集帧率：装置的采集帧率可根据所运行线路速度等级进行调整，最高采集帧率不低于 17 fps。

2. 成像要求

（1）记录沿线接触网设施的全景图像，并同时记录接触网关键区域（包括接触悬挂、支持装置、附加悬挂等）设备的高清图像。

（2）成像图片的清晰度能够分辨零部件的脱落、断裂等缺陷。

（3）能对成像设备的拍摄角度进行调整，以适应不同线路接触网设备的成像需要，并能对成像设备的工作情况进行监控。

（二）图像分析处理

1. 图像分析处理满足 2C 装置基本功能要求。

2. 能够以线路公里标和支柱号为依据进行数据回放和检索。

3. 具备对采集数据进行播放、暂停、快进、快退、放大、缩小和进度条控制等功能。

4. 提供故障标注界面，分析人员可在故障确认及处理时进行录入。

六、检测实施

(一)安装原则及方法

1. 安装原则

2C 装置在司机室内安装的位置不应影响司机的操作及瞭望。

2. 2C 装置常见的安装方法

(1)安装在司机室右边,以向左的视角拍摄列车行车方向的目标物,此种安装方法能够较好地看清楚接触网吊弦。设备采用小三脚架架设在副司机前面桌面右前方位置,此种方法常用于机车添乘检测,如图 2-16 所示。

(2)设备采用大三脚架架设在司机的右后侧,此种方法适用于动车组及机车添乘检测,如图 2-17 所示。

图 2-16　电力机车架设

图 2-17　动车组架设

(3)设备采用 U 形固定支架将设备固定到仪表盘上方的塑料边沿上,此种方法常用于动车组添乘检测,如图 2-18 所示。

(a) 动车组驾驶室 2C 装置安装实物1

(b) 动车组驾驶室 2C 装置安装实物2

图 2-18　动车设备架设

3. 2C 装置安装完毕后，认真按照 2C 装置的使用说明书要求调整好拍摄角度、调整好镜头焦距以及曝光量，确保 2C 装置工作状态正常。

(三)检测组织及结果

2C 检测由配属单位组织实施，高速铁路、普速铁路 2C 装置检测周期一般均为 10 天。利用 2C 分析软件可以对 2C 装置采集的数据进行分析和管理，如图 2-19 所示。

图 2-19　检测结果展示

第三节　车载接触网运行状态检测装置(3C)

一、定　　义

车载接触网运行状态检测装置(catenary-checking on-line monitor device，CCLM)包括动车组车载接触网运行状态检测装置(简称动车组 3C 装置)和电力机车车载接触网运行状态检测装置(简称电力机车 3C 装置)，随着运营动车组或电力机车的运行，实现对电气化铁路接触网状态的全覆盖、全天候的动态检测。

二、功能与作用

(一)功能

根据动车组或机车的安装条件，3C 装置可具备下列单一功能或组合功能：

1. 能测量接触网动态几何参数：如动态拉出值、接触线高度、线岔和锚段关节处接触线的相互位置。

2. 能测量弓网受流相关参数，包括燃弧次数、燃弧时间和燃弧率等。

3. 能测量吊弦线夹、电连接、接触网隔离开关、供电线上网点等处的接触网温度。

4. 能对弓网运行状态进行视频录像，录像资料中能叠加里程标数据。

5. 能利用非接触方式检测接触网绝缘子的绝缘状态。

6. 检测装置应用简单，无须人为干预，装置自动完成参数检测和数据发送，检测数据也可以在车上转存。

7. 准确定位并显示检测线路的行别、杆号、公里标、车次等信息。

8. 根据动车组或机车运行状态，自动控制检测装置开启、采集、存储、关闭；对检测数据和高清视频进行快速查询、分段转储；机械师室设置监控屏，监视弓网状态。

9. 实时分析处理燃弧、接触网温度、接触网几何参数动态值等检测数据及弓网运行状态，自动识别燃弧异常、接触网温度异常、几何参数超限、降弓、打弓等疑似缺陷，准确定位，实时无线发送。

10. 装置在全天候(昼、夜、风、雨、雪、雾)的条件下正常工作。

(二)作用

监测接触网与受电弓运行状态、接触网温度等；检测接触线动态拉出值、高度、接触线的相互位置、燃弧次数、燃弧时间、燃弧率等。

三、基本组成

(一)组成

3C 装置主要由车内主机、车顶护罩、监控屏、交换机基础网络、相关连接器、电缆组成，每套车内主机由一台主机单元和一台电源单元组成，每套车顶护罩由车顶护罩 A、车顶护罩 B 组成，护罩内安装红外热像仪、高清相机、高频相机、补光灯等设备。每架受电弓相应安装一套车内主机及车顶护罩，一列车共安装两套车内主机及车顶护罩(Ⅰ、Ⅱ端)(长编组列车安装四套车内主机及车顶护罩)。每列动车组安装一套监控屏。系统拓扑关系如图 2-20 所示。

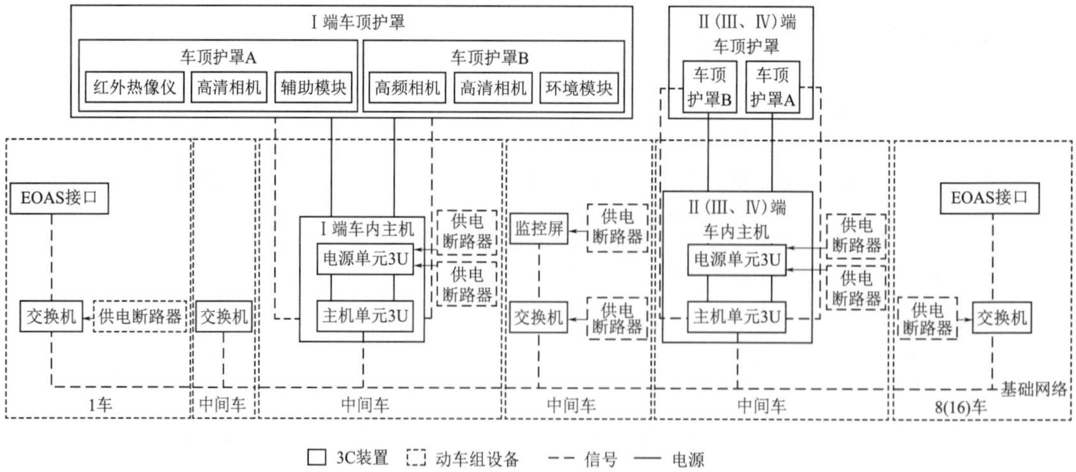

图 2-20　系统拓扑关系

（二）现场安装实物

1. 动车组 3C 装置安装实物图（图 2-21）

（a）动车组 3C 装置车顶安装实物1

（b）动车组 3C 装置车顶安装实物2

（c）主机

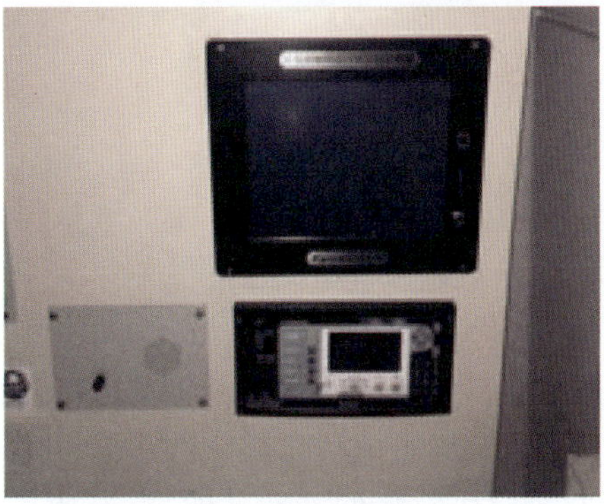

（d）监控屏

图 2-21　动车组 3C 装置安装实物

2. 电力机车 3C 装置安装实物图（图 2-22）

（a）电力机车 3C 装置车顶安装实物1

（b）电力机车 3C 装置车顶安装实物2

图　2-22

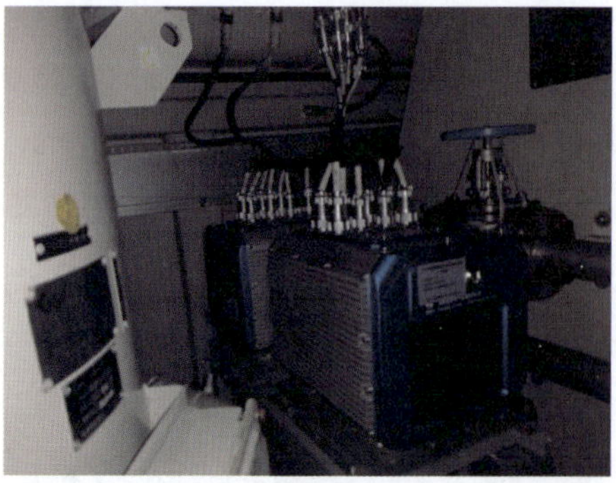

（c）主机

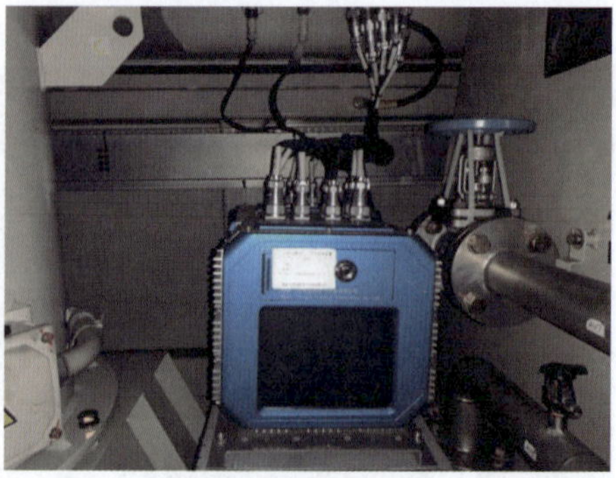

（d）监控屏

图 2-22 电力机车 3C 装置安装实物

四、检测原理

（一）测量几何参数、燃弧原理

测量原理与 1C 装置相同。

（二）测量接触网温度原理

1. 红外辐射测温原理

一切温度高于绝对零度的物体都在不停地向周围空间发出红外辐射能量。物体红外辐射能量的大小及其波长的分布与它的表面温度有着十分密切的关系。因此，通过对物体自身辐射的红外能量的测量，便能准确地测定它的表面温度。光谱如图 2-23 所示。

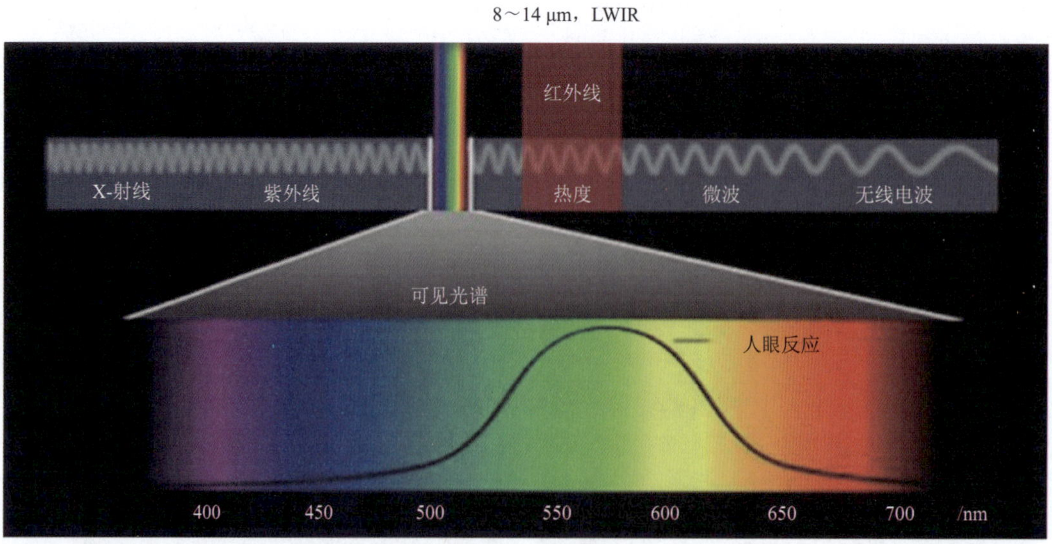

图 2-23 光谱

2. 红外成像流程(图 2-24)

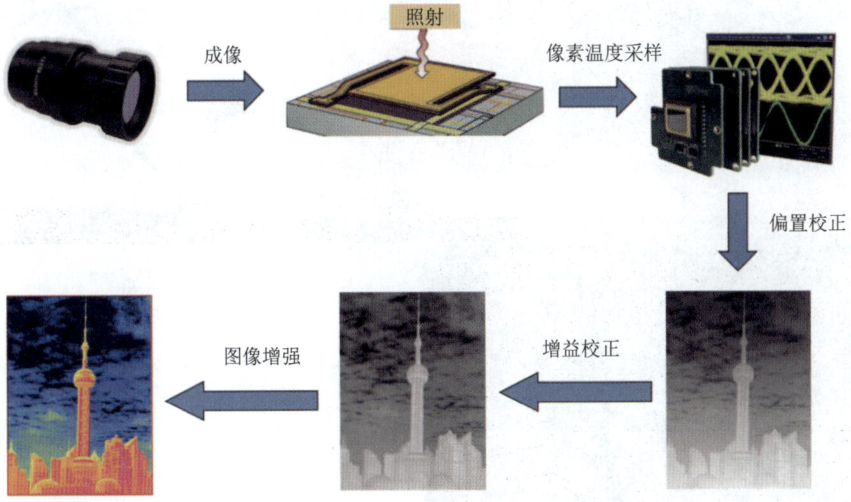

图 2-24　红外成像流程

五、主要技术指标

(一)测量模块主要技术指标

3C 装置的主要技术指标见表 2-2。

表 2-2　3C 装置主要技术指标

测量项目	测量范围	最大允许误差	备　注
接触线高度	5 100～6 700 mm	±20 mm	
拉出值	动车组:−600～600 mm 电力机车:−650～650 mm	±20 mm	
接触线间水平距离	0～800 mm	±25 mm	线岔、锚段关节
燃弧时间	0～200 ms	±2 ms	
接触网温度	0～200 ℃	±2 ℃ (或测量值的±2%)	吊弦线夹、电连接、接触网隔离开关、供电线上网点等

注:接触网几何参数采样间隔不高于 1 m,接触网温度采样间隔不高于 5 m。

(二)弓网视频监控技术指标

弓网视频监控分辨率不低于 1 024×1 024,帧率不低于 25 fps。

六、检测实施

3C 检测周期为实时或定期,装有 3C 装置的动车组(电力机车)依据运行线路每天实时对接触网设备进行检测。分析人员通过登录互联网 3C 网址可在线查看 3C 装置实时检测信息,如图 2-25 所示。

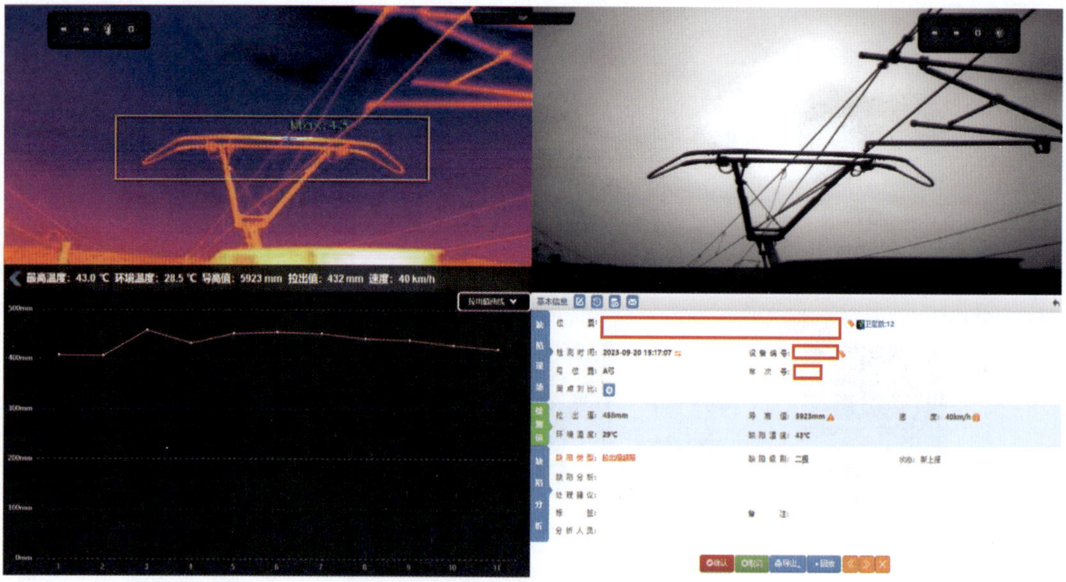

图 2-25　检测信息

第四节　接触网悬挂状态检测监测装置(4C)

一、定　　义

接触网悬挂状态检测监测装置(high-precision catenary-checking monitor device, CCHM)是安装在接触网检测车、作业车或其他专用轨道车辆上,在一定运行速度下,对接触网的零部件实施成像检测,测量接触网的静态几何参数的装置,如图 2-26 所示。通过对检测数据的识别与分析,形成维修建议,指导消除接触网故障隐患。

(a) 检测车整体　　(b) 检测车车顶

图 2-26　接触网悬挂状态检测监测装置检测车

二、功能与作用

（一）功能

1. 连续测量接触网几何参数；
2. 准确定位接触网腕臂安装支柱（或吊柱）的位置；
3. 拍摄支持装置正反两面的图像；
4. 拍摄接触悬挂（吊弦、线夹等）图像；
5. 拍摄附加悬挂区域图像；
6. 拍摄吊柱座区域图像；
7. 记录接触悬挂的连续视频；
8. 对成像区域的缺陷进行识别；
9. 分析和存储缺陷数据，并提供分类汇总报告；
10. 形成一杆一档的数据库，能对同一位置的历史检测结果（图像、几何参数等）进行对比分析。

（二）作用

监测接触网设备零部件有无烧伤、缺失、断裂、松动及其他异常情况，检测接触网静态几何参数。

三、基本组成

4C 装置主要由车顶设备、机柜设备、工作台设备、车底设备等组成。

（一）车顶设备

车顶设备主要包括检测相机、补光灯、几何参数测量相机、触发装置以及 GPS 接收装置，如图 2-27 所示。

图 2-27　车顶设备分布

（二）机柜设备(图 2-28)

1 号机柜设备包括 UPS 电池包、UPS、电源开关、交换机、硬盘录像机、支持装置图像采集计算机、检测处理计算机、杆号图像采集计算机、接触悬挂图像采集计算机、图像智能分析计算机 1。

2 号机柜设备包括弓网检测服务器、接触网几何参数信号处理单元、距离触发传感器、时空同步定位系统服务器、信号处理单元、图像智能分析计算机 2、图像智能分析计算机 3、图像智能分析计算机 4。

(a) 1号机柜设备　　(b) 2号机柜设备

图 2-28　1、2 号机柜设备平面

（三）工作台设备

检测工作台包括支持装置图像采集监视终端、图像分析终端、接触悬挂图像采集监视终端、接触悬挂连续视频监视终端、几何参数数据采集监视终端及打印机，如图 2-29 所示。

图 2-29　工作台设备

(四)车底设备

车底设备包括速度传感器、车体振动补偿检测装置(图 2-30)等。

图 2-30　车体振动补偿检测装置

四、检测原理

(一)接触网几何参数原理

接触网导高、拉出值、定位器坡度测量原理与 1C 相同。

(二)高清成像部分检测原理

高清成像部分主要由触发单元、补光灯、高清相机、信号处理及存储设施组成。触发单元通过高性能的触发程序对图像的特征进行识别,实时判断并给出准确的触发信号,补光灯及相机阵列收到触发信号后进行闪光及拍照,拍摄的图片数据传输到数据分析模块进行归档及分析处理,其原理如图 2-31 所示。

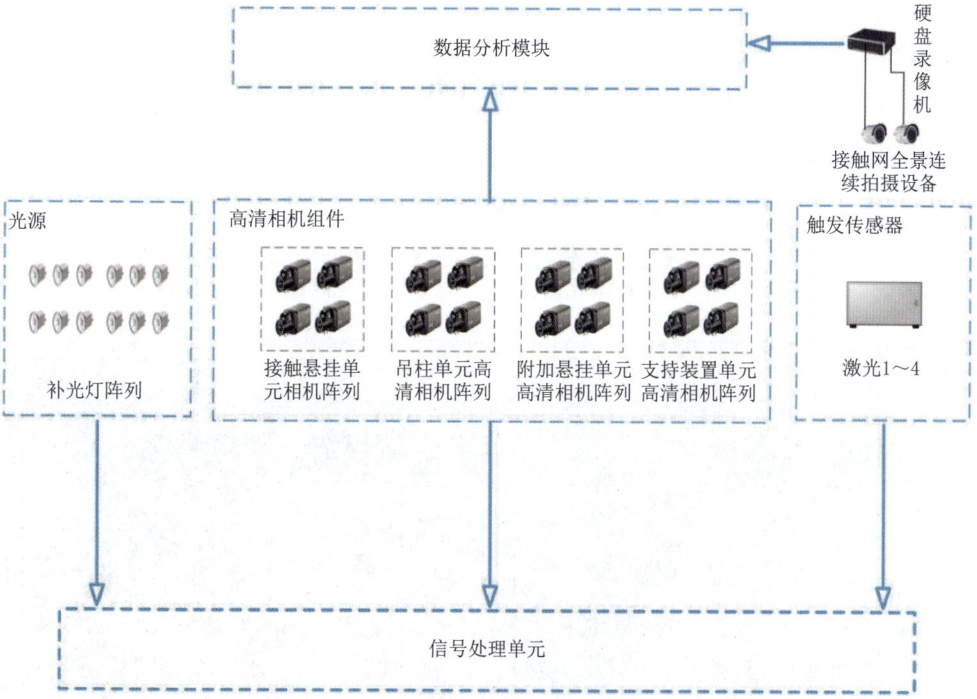

图 2-31　高清成像原理

五、主要技术指标

(一)各成像区域技术要求

1. 支持装置区域:成像范围为轨顶连线以上 4 800～8 100 mm 范围与轨顶连线的垂直中心

线左侧 3 500 mm 至右侧 3 500 mm 范围相交叉区域，应正反面拍摄，图像像素不低于 5 000 万。

2. 接触悬挂(吊弦、线夹等)区域：成像范围为轨顶连线以上 4 800～8 100 mm 范围区域，单幅画面幅宽 2 000 mm，应左右侧拍摄，单幅画面像素不低于 500 万。

3. 附加悬挂区域：成像范围为附加悬挂区域，图像像素不低于 1 600 万。

4. 吊柱座区域：成像范围为吊柱座 2 700 mm×2 700 mm 区域，图像像素不低于 1 600 万。

5. 接触悬挂的连续视频分辨率不低于 200 万像素。

(二)几何参数测量

几何参数的测量范围与精度见表 2-3。

表 2-3　几何参数的测量范围与精度

序　号	参数名称	测量范围	最大允许误差
1	接触线高度	5 000～6 600 mm	±10 mm
2	拉出值	−600～600 mm	±25 mm
3	接触线间水平距离	0～800 mm	±25 mm
4	接触线间垂直距离	0～200 mm	±25 mm
5	定位器坡度	0～20°	±0.5°

注：采样点间隔应不大于 250 mm。

六、检测实施

高速铁路 4C 装置检测周期一般为 3 个月，普速铁路 4C 装置检测周期一般为 6 个月。通过相应分析软件对 4C 检测结果(成像图片、弓网几何参数)开展分析，其界面如图 2-32、图 2-33 所示。

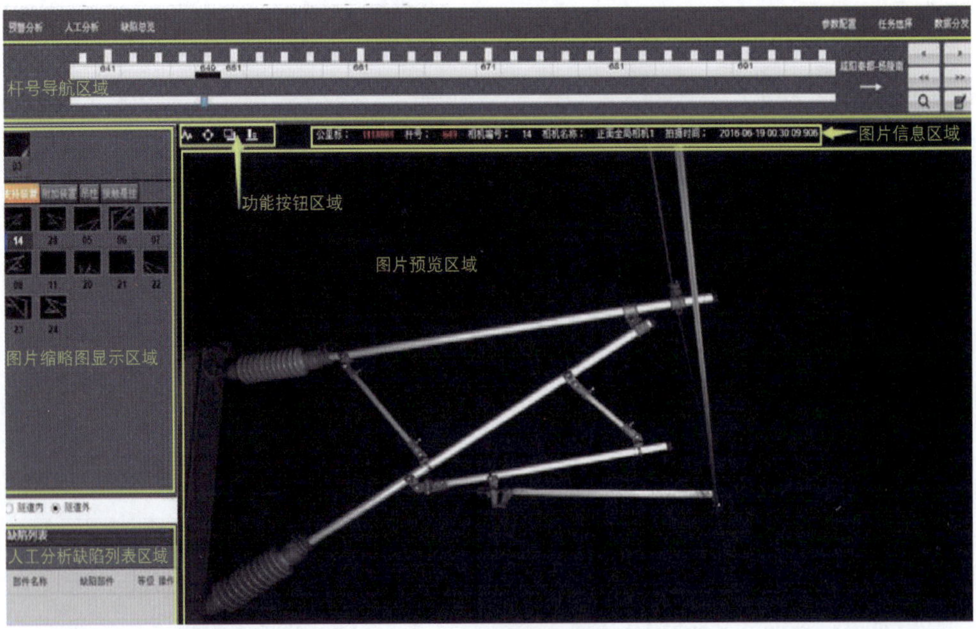

图 2-32　成像图片

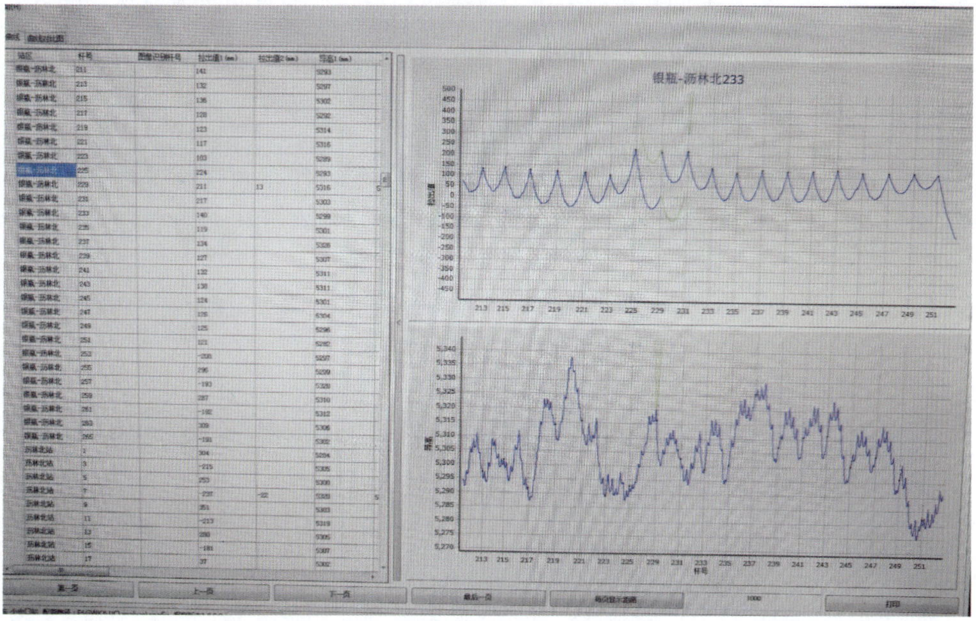

图 2-33　弓网几何参数

第五节　受电弓滑板监测装置(5C)

一、定　　义

受电弓滑板监测装置(pantograph video checking device,CPVM)安装在电气化铁路的局界、段界、联络线、动车组(电力机车)出入库区、车站等处,用于监测受电弓滑板的技术状态,及时发现受电弓滑板的异常状态,指导接触网的运行维修。

二、功能与作用

(一)功能

1. 采用图像采集设备对工作受电弓滑板、弓角进行状态监测,并可将监测的图像或视频通过有线或无线的方式进行远程传输。

2. 能对受电弓滑板状态进行自动分析处理,分辨出受电弓滑板的损坏、断裂等异常情况,并实时报警。

3. 能自动确定所监测受电弓的车号。

(二)作用

监测受电弓有无异常状态。

三、基本组成

(一)组成

5C 装置包括图像采集、传输、显示、分析处理与存储等模块,如图 2-34 所示。其中图像采集模块主要是对受电弓、车号图片进行采集。前端图片采集后通过有线或是无线的方式传输到后端服务器,服务器完成数据的分析和存储功能,用户终端通过服务器上维护的 BS 软件对传回的数据进行显示。

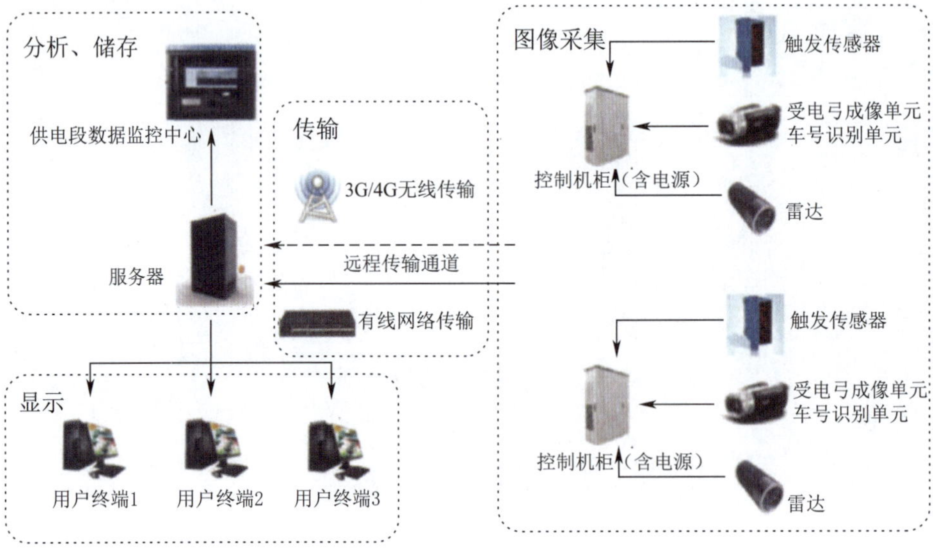

图 2-34　5C 整体组成

四、检测原理

5C 装置检测工作原理如图 2-35 所示。

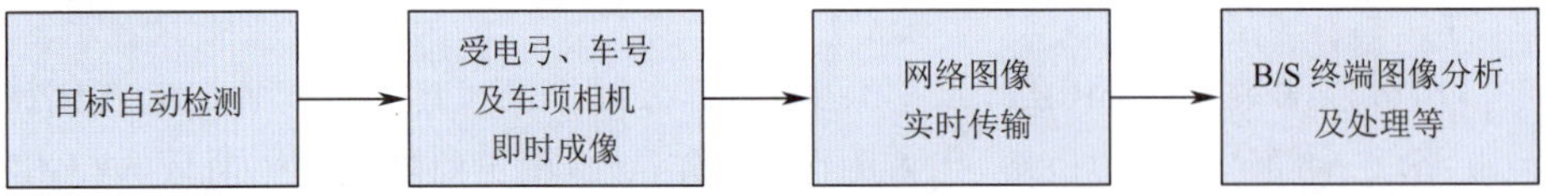

图 2-35　工作原理

1. 通过受电弓识别机制检测出受电弓通过状态,触发相机进行拍摄。
2. 高分辨率成像模块采用线扫描相机对受电弓滑板正面及弓头区域进行成像。
3. 利用相机拍摄通过列车车号图像,实现该列车受电弓图像与实际受电弓的严格对应。
4. 利用网络将监测图像即时传输到用户终端,支持用户查看图像。

五、主要技术指标

1. 采集受电弓滑板区域的图片,成像区域不小于 2 000 mm×700 mm,覆盖受电弓滑板及弓角区域。
2. 图像分辨率应不低于 2 448×2 048。
3. 在实际线路上,漏检率应不大于 0.1%。

六、检测实施

(一)安装位置的选取原则

5C 装置安装位置的选择既要考虑能够覆盖监测所有通过的受电弓,又要优先考虑在铁路沿线通过有线方式就近接入通信机房的条件。安装位置的选取原则如下：

1. 距离铁路局集团公司局界最近且易实施的线路。

2. 车站咽喉区最外侧道岔外的正线线路。

3. 动车、机车出入库走行线。

4. 其他需要安装的处所。

5. 每套成像模块、车号识别模块监测一股道，多套成像模块可共用一套现场主机选址安装。

(二)安装方式及检测结果

5C 装置安装方式有两种，分别是硬横梁式安装、支柱顶部式安装。现场实物及成像如图 2-36、图 2-37 所示。

（a）硬横梁式安装实物　（b）支柱顶部式安装实物

图 2-36　5C 装置安装实物

（a）硬横梁安装方式成像　（b）支柱安装方式成像

图 2-37　监测现场受电弓成像

第六节　接触网及供电设备地面监测装置(6C)

一、定　　义

接触网及供电设备地面监测装置(ground monitor device for catenary and power supply equipment,CCGM)是用于监测接触网及供电设备技术状态的固定式监测装置,有利于保证电气化铁路接触网供电设备的运行质量,及时发现异常状态,提高检修效率,降低维护成本。

二、功能与作用

(一)功能

在接触网的特定位置(如定位点、锚段关节、线岔、隧道出入口、车站咽喉区、大风区段等位置)及变电所(含 AT 所、开闭所、分区所,下同)等处设置固定式监测装置,可将监测数据通过有线或无线方式实时传输,发现异常及时报警。6C 装置包括但不限于以下内容:

1. 对接触线和承力索的张力、接触线振动、接触线定位点抬升量、线索温度、补偿位移等接触网的性能进行监测。

2. 对接触网及变电所的高压绝缘子、高压电缆、避雷器等供电设备状态进行监测。

3. 对接触网电分相、电分段、隔离开关以及动车所、站场咽喉区、隧道出入口、上跨线桥、大风区段等关键处所的供电设备运行状态进行视频监测。

(二)作用

监测接触网振动特性、线索温度、补偿位移、供电设备的绝缘状态等参数或特定位置的接触网技术状态。

三、基本组成及原理

6C 装置分为监测模块、现场主机、远程传输通道和信息处理中心等部分,如图 2-38 所示。

监测模块分为接触式和非接触式两种类别,接触式监测模块包括温度传感器、位移传感器、漏电流传感器等;非接触式监测模块包括高清摄像机、红外热像仪、激光传感器等。高清摄像机和红外热像仪应设置防护罩,高清摄像机还应按需配置补光或照明等设备。现场主机由数据采集、数据传输、数据接收处理等模块以及电源装置组成,封装在专用机柜内。6C 装置监测模块和专用机柜应优先由铁路系统供电,条件受限时,可采用太阳能供电系统。现场主机收集的数据和信息通过有线或无线远程传输至铁路局集团公司或供电段 6C 数据处理中心。

四、主要技术指标

6C 装置的主要技术指标见表 2-4。

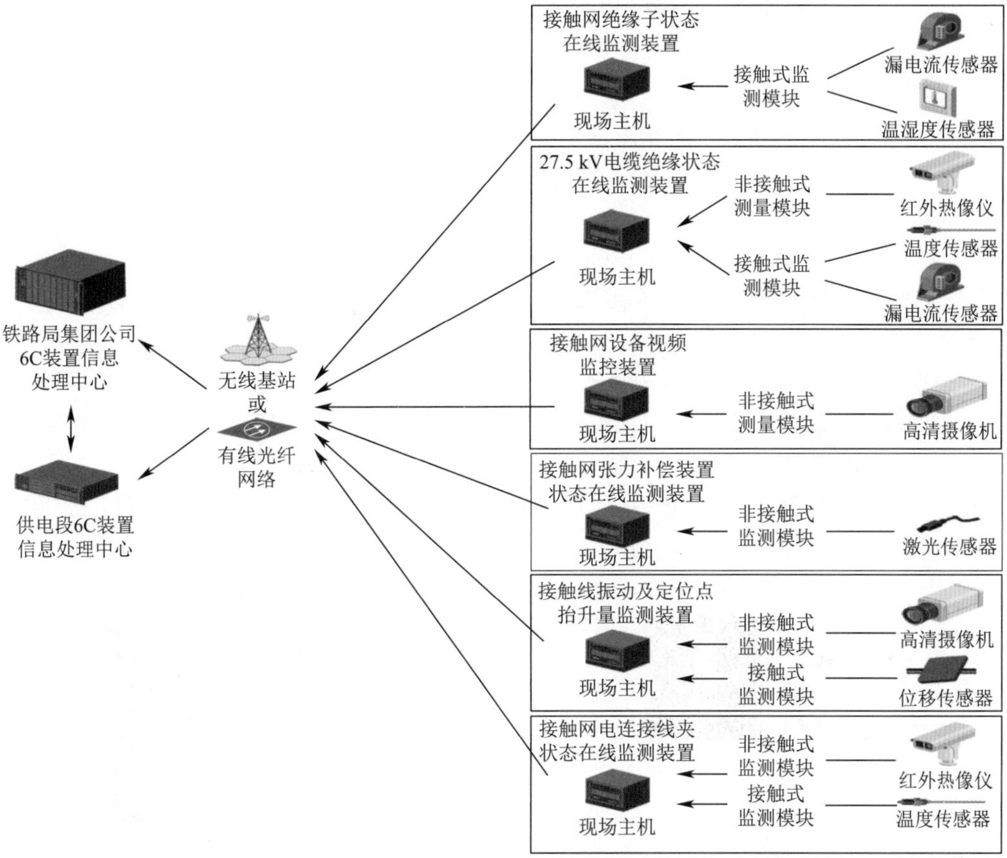

图 2-38　6C 装置原理

表 2-4　主要技术指标

测量项目	测量范围	最大允许误差
接触线振动幅值	0～200 mm	±3 mm
电连接线夹温度	−40～200 ℃	±2 ℃
电连接线夹接触电阻	0～1 000 μΩ	±50 μΩ
泄漏电流	1～500 mA	±10 mA
接触网张力补偿器 *a*、*b* 值	0～4 000 mm	±20 mm
外护层接地环形电流	0.1～1 000 A	±1 A

五、检测实施

（一）监测周期

6C 装置检测周期为实时或定期。

（二）监测项目

1. 在隧道出入口、接触网的线岔处、锚段关节处等位置监测接触线的振动。

2. 在隧道出入口、高架桥、大风区段、长大锚段、枢纽站场咽喉区等位置监测接触网承力索和接触线的张力，监测补偿装置位移。

3. 监测接触网绝缘子绝缘状态、电缆绝缘状态、线索温度、线夹温度等。

4. 监测接触网电分相、电分段、供电线上网点、隔离开关以及动车所、站场咽喉区、隧道出入口、上跨线桥、大风区段等关键处所设备的实时运行状态。

5. 在变电所、AT 所、分区所、开闭所内加装供电设备温度、绝缘状态监测装置。

(三)6C 装置应用类别

6C 装置现阶段主要应用于 6 个方面，分别为接触网绝缘子状态在线监测、27.5 kV 电缆绝缘状态在线监测、接触网设备视频监控、接触网张力补偿装置状态在线监测、接触网定位振动特性监测和接触网电连接线夹状态在线监测。

1. 接触网绝缘子状态在线监测装置

装置能够在线监测绝缘子的泄漏电流，同步监测温度、湿度等环境参数；在不同气候条件下，根据绝缘子的泄漏电流特征，可设置标准值、警示值、限界值，通过有线或无线方式远程传输监测数据并实时报警，具备本地存储、无线召唤传输的功能，提供数据自动分析报告。接触网绝缘子状态在线监测装置原理及现场安装如图 2-39 所示。

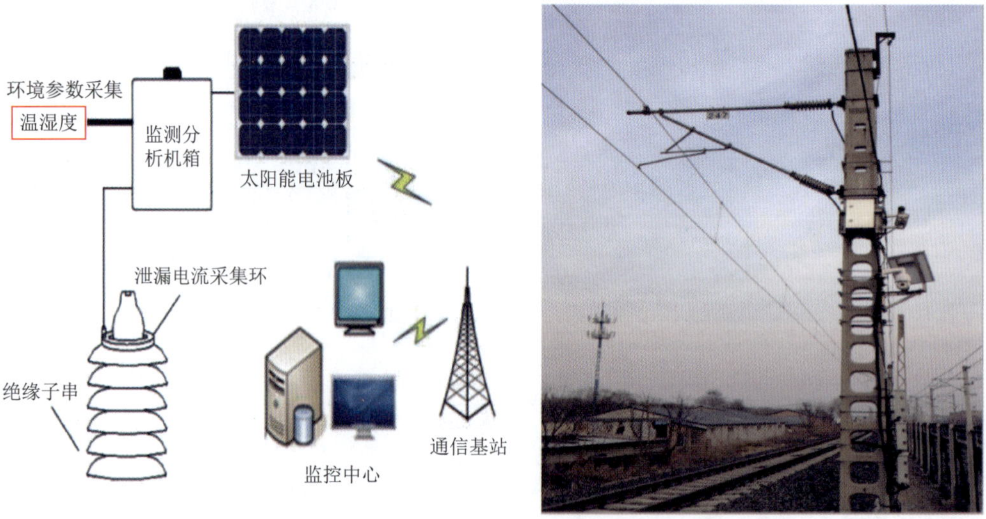

图 2-39　接触网绝缘子状态在线监测装置原理及现场安装

2. 27.5 kV 电缆绝缘状态在线监测装置

(1)电缆外护层接地环形电流在线监测装置可在运行过程中对通过电缆外护层接地部分的电流进行实时监测，根据电流特征，判断电缆绝缘状态。

(2)电缆终端或中间接头温度在线监测装置可采用直接测量模块或红外测温装置，对电缆终端或中间接头的温度进行实时监测，根据温度特征，判断电缆终端或中间接头的绝缘状态。

(3)电缆终端或中间接头局部放电在线监测装置可在运行过程中对电缆终端或中间接头的局部放电信号进行监测，评判电缆终端内部放电情况。

(4)各装置均能通过有线或无线方式远程传输监测数据并实时报警，具备本地存储、无线召唤传输的功能，提供数据自动分析报告。27.5 kV 电缆绝缘状态在线监测装置原理及现场安装如图 2-40 所示。

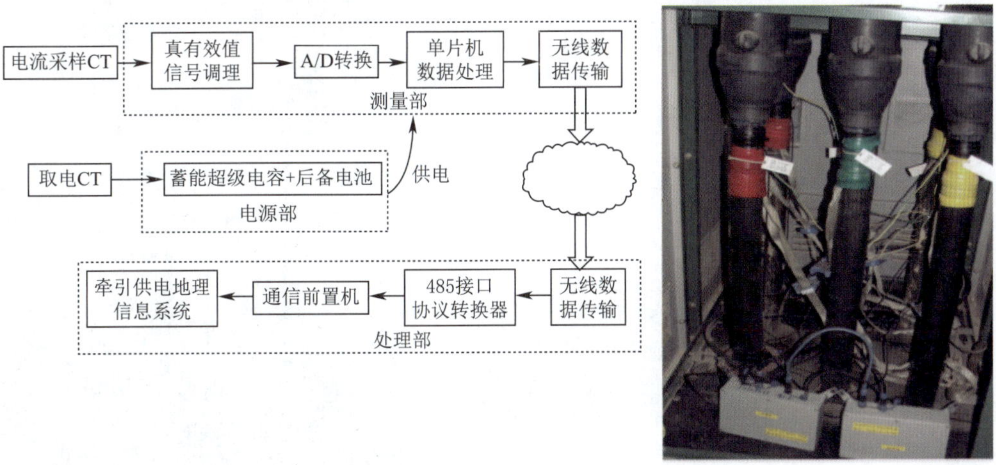

图 2-40　27.5 kV 电缆绝缘状态在线监测装置原理及现场安装

3. 接触网设备视频监控装置

在接触网电分相、电分段、供电线上网点、隔离开关以及动车所、站场咽喉区、隧道出入口、上跨线桥、大风区段等关键处所设置视频监控装置，对接触网关键设备的运行状态及其外部环境进行监视，具备本地存储、无线召唤传输的功能。接触网设备视频监控装置现场安装如图 2-41 所示。

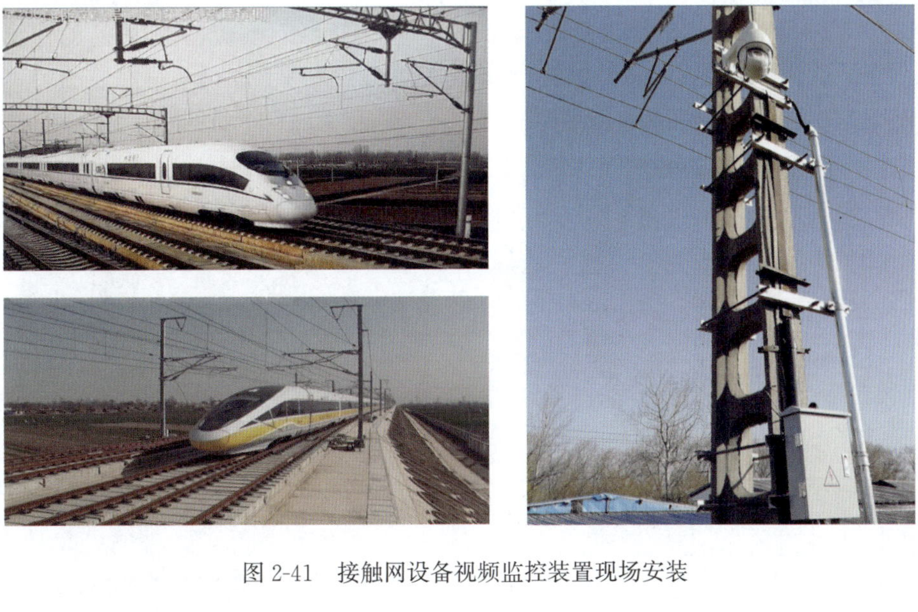

图 2-41　接触网设备视频监控装置现场安装

4. 接触网张力补偿装置状态在线监测装置

在接触网的隧道出入口、高架桥、大风区段、长大锚段、枢纽站场咽喉区等特殊地段的张力补偿装置处设置固定式监测装置，实时监测接触网张力补偿装置的 a、b 值，具备 a、b 值超限报警功能并精确定位，能判断补偿装置卡滞、接触网断线等异常情况，将监测数据通过有线或无线方式实时传输至供电段服务器，具备本地存储、无线召唤传输的功能，对监测数据进行管理。接触网张力补偿装置状态在线监测装置原理及现场安装如图 2-42 所示。

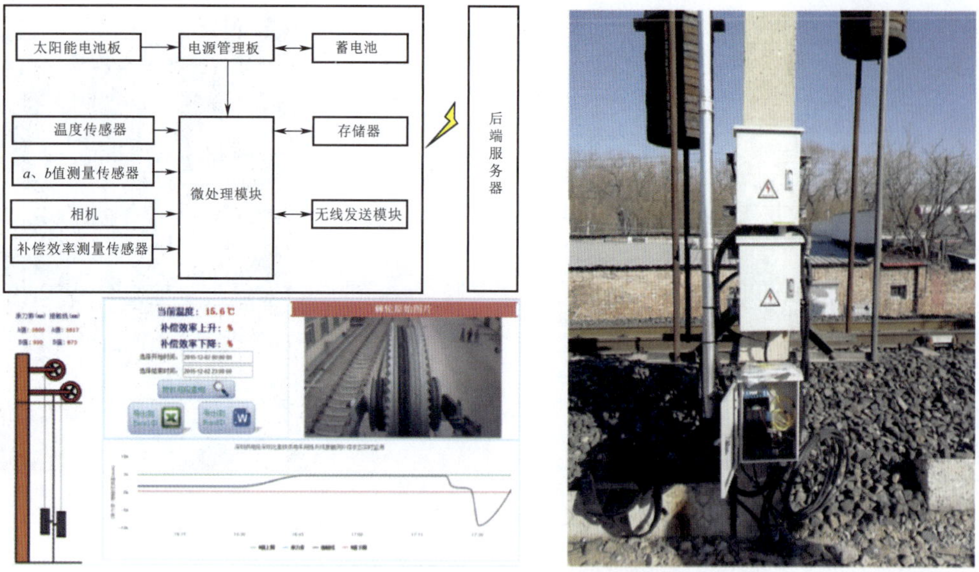

图 2-42　接触网张力补偿装置状态在线监测装置原理及现场安装

5. 接触网定位振动特性监测装置

在接触网隧道出入口、大风区段、路基桥梁结合部、高架桥、高速线岔、枢纽站场咽喉区等特殊处所设置固定式监测装置，实时采集安装处所的接触网振动数据波形或视频信息，监测接触网振动，监测定位点抬升量，统计振动频率、幅值，具备超限报警功能。能将监测数据通过有线或无线方式实时传输至供电段服务器，具备本地存储、无线召唤传输的功能，对监测数据进行管理，与 6C 系统其他装置监测数据进行对比分析。接触网定位振动特性监测装置现场安装如图 2-43 所示。

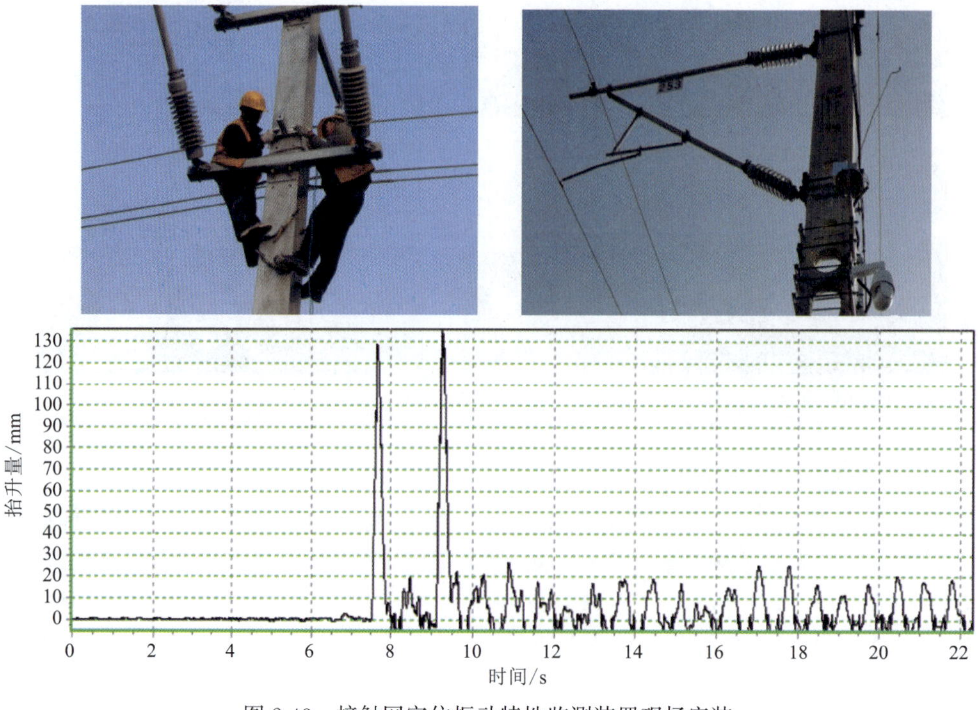

图 2-43　接触网定位振动特性监测装置现场安装

6. 接触网电连接线夹状态在线监测装置

安装在重负荷区段、枢纽站场股道间等处所的接触网电连接处和供电线上网点等主导电回路的线夹处，采用测量电连接线夹温度或监测电连接线夹接触电阻的方式，判定电连接线夹工作状态；具备环境温度测量与对比功能，具备预警、报警功能，具备历史数据查询和统计功能，具备本地存储、无线召唤传输的功能。接触网电连接线夹状态在线监测装置原理及现场安装如图 2-44 所示。

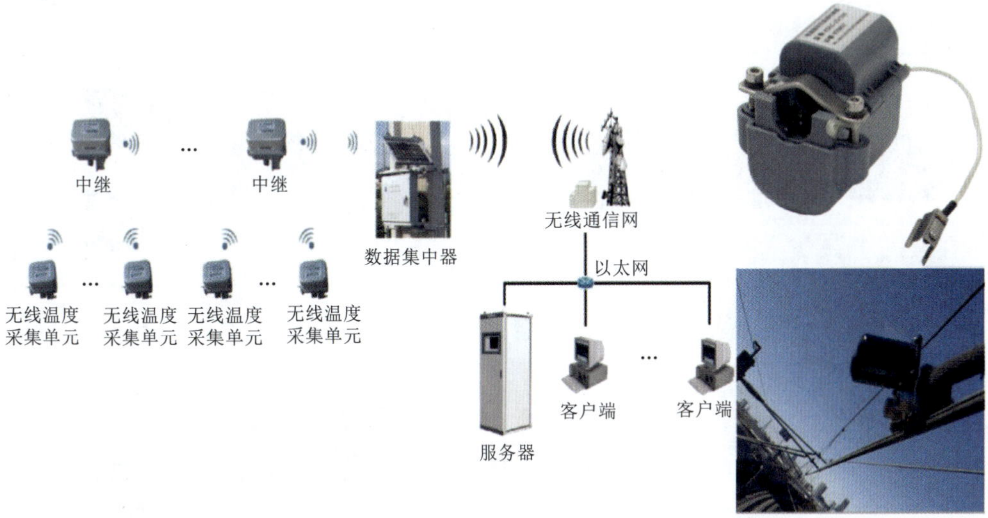

图 2-44　接触网电连接线夹状态在线监测装置原理及现场安装

第七节　6C 系统综合数据处理中心

一、定　　义

6C 系统综合数据处理中心（以下简称 6C 中心）是 6C 系统的重要组成部分，为铁路供电安全检测监测业务提供集中统一的信息化平台，实现检测监测数据归集储存、分析处理、信息展示等功能。

二、系统架构

6C 中心部署在铁路综合信息网，采用国铁集团、铁路局集团公司、供电段三级架构，各级 6C 中心根据不同的需求设置相对应的功能模块。

（一）硬件架构

三级 6C 中心之间通过铁路综合信息网连接，6C 系统各装置与 6C 中心采用铁路综合信息网、移动公网等传输方式。以移动公网接入的信息源，需通过移动公网安全平台接入铁路综合信息网。6C 中心硬件平台包括但不限于：服务器设备、存储设备、网络安全设备、路由交换设备、检测监测 HMI 终端、维护及病毒防护终端、打印设备、UPS 和大屏幕显示系统等设备。6C 中心硬件架构如图 2-45 所示。

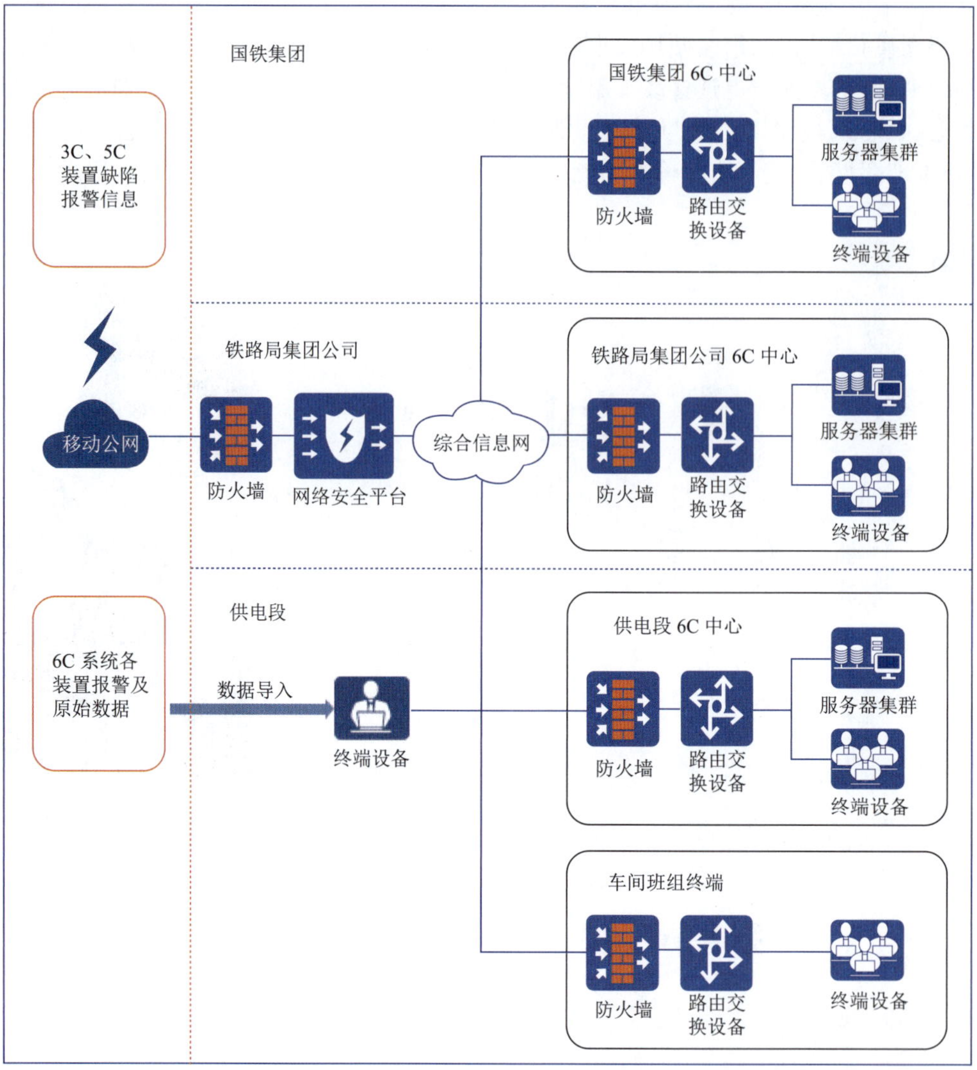

图 2-45　6C 中心硬件架构

(二)软件架构

6C 中心软件系统由系统软件、平台软件和应用软件构成。系统软件由操作系统、数据库等软件构成;平台软件是 6C 中心软件平台的基础支撑层,具备数据采集、数据交换、基础数据管理、报表服务、流程引擎等功能;应用软件支持多种类型的终端设备进行访问,实现检测计划管理、检测数据管理、缺陷管理、数据统计分析等功能。6C 中心软件架构如图 2-46 所示。

三、应用功能

6C 中心以一杆一档为基本分析单元,按照统一的数据接口规范,实现对 6C 检测计划、数据及缺陷等全链条管理,可以集中处理、关联分析、综合分析、历史数据对比与展示及趋势判断。6C 中心主要分为检测计划管理、检测数据管理、缺陷管理、数据统计分析等四部分。

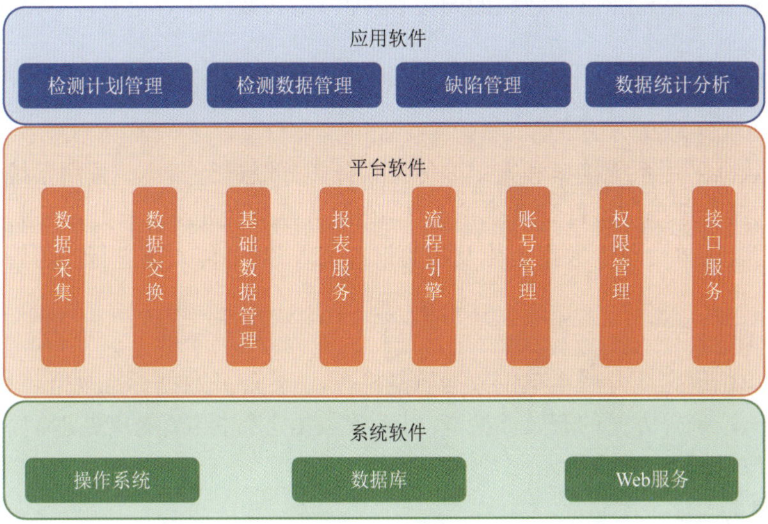

图 2-46　6C 中心软件架构

（一）检测计划管理

6C 检测计划分年度检测计划、月度检测计划、临时检测计划三部分。数据中心具备对各供电段各类检测计划的接收或制定、查看、审核、超周期预警等功能。

（二）检测数据管理

6C 中心具备对 6C 系统各装置的检测监测原始数据进行集中有效管理的功能。通过数据标准规范协议，实现各类检测数据上传、查询、分析和维护。

（三）缺陷管理

6C 检测发现的所有缺陷必须全部纳入 6C 中心管理，并在 48 h 内将缺陷下发至相应责任车间安排检修。6C 中心具备对供电段管辖范围内 6C 系统各装置所发现的设备缺陷进行建档、通知下发、销号验证等闭环管理功能。

（四）数据统计分析

1. 数据统计：6C 中心可根据检测监测报表格式生成周、月、季、年等各类统计报表，具备历史数据的查询功能，可按线别、区间（站场）、管理机构、缺陷类型、设备类型等多种条件组合对检测数据进行查询。

2. 数据分析：6C 中心具备对 6C 系统各装置的检测数据进行对比分析、数据挖掘和智能分析的功能，包括缺陷分布地点、发生季节，不同年限设备、同一设备连续状态变化的趋势，不同管理机构、同一管理机构内所有设备状态的变化分析等。可根据设备管理单位需求，对线路设备质量进行综合评价，生成设备质量分析报告，指导供电设备维修。

四、数据管理

（一）数据归集管理

数据归集是指通过信息技术将检测监测数据、分析结果由供电段向铁路局集团公司和国铁集团汇聚。加强检测监测数据的归集管理，有利于充分挖掘检测监测数据价值，研究掌握接触网设施状态变化规律，为接触网全寿命周期管理和智能运维提供数据支撑。

数据归集管理包括检测监测数据的归集、治理、存储、共享和安全管理等工作。

1. 数据归集

检测监测数据归集遵循“一数一源、一源多用”原则，避免重复采集，保证源头唯一性和数据一致性。

检测监测数据采用系统接口和人工上传方式分类分级进行归集。采用系统接口方式进行数据归集时，数据管理单位做好日常维护工作，确保数据规范汇聚；采用人工上传方式进行数据归集时，数据管理单位负责数据上传及相关信息录入，对上传人员进行实名管理，坚持“谁上传、谁负责”。

2. 数据治理

数据管理单位应定期开展本单位数据质量检查，结合业务数据标准规范，对检测监测数据进行可读、可用、准确等方面的有效性检查，对无效数据进行标记、隔离处理，对出现的数据质量问题及时整改，提升数据质量。

3. 数据存储

数据管理单位应制定本单位检测监测数据存储策略，可根据检测周期、数据容量、数据运用需求等确定原始数据保存时间；同时必须建立数据容灾备份机制，加强检测监测数据的容灾备份工作，重要数据应进行异地备份，确保数据存储安全。

4. 数据共享

数据管理单位应建立检测监测数据共享管理制度，对数据进行分级和权限管理，明确数据开放共享流程、数据分发范围、数据权限控制。

数据管理单位对外共享本单位检测数据时，应由使用单位提出申请，明确使用数据范围及用途，数据管理单位负责审批，并组织签署数据保密协议，明确数据保密责任和要求，对数据脱敏后以安全方式提供。

5. 数据安全管理

检测监测数据安全严格按照《中华人民共和国数据安全法》和铁路数据管理办法要求执行。数据管理单位是管理和使用数据的安全责任主体，应建立数据安全保障制度，明确数据安全管理人员，落实数据安全管理责任。

数据管理单位应制定数据全流程安全保护的技术措施和其他必要措施，定期对检测监测数据管理进行安全评估，建立安全报告和应急处置机制。采用安全可靠的产品和服务，加强数据全生命周期安全管理，防止数据被攻击、泄露、窃取、篡改和非法使用。

数据管理单位应加强对检测监测数据的网络安全管理，做好计算机病毒、恶意程序和网络攻击的防范工作，数据存储设备不得并入互联网，数据信息未经审批许可不得发布、转载于互联网，保证数据安全。

(二)数据规范

6C 系统数据缺陷的完整描述由缺陷位置、缺陷名称和缺陷等级三部分组成。

1. 缺陷位置

缺陷位置描述包括接触网器材名称、接触网器材零部件名称、外部环境位置名称。

(1)接触网器材分基础和支柱、支撑、定位、悬挂、锚固、设备和其他共 7 个大类，其中基础和支柱细为分基础、接地线夹及连接装置、支柱、吊柱等 6 个中类，以及横卧板、底板、接地线夹、并沟线夹等 222 个小类。

(2)接触网器材零部件分螺栓、线索、零件 3 类，其中螺栓类包括螺栓、螺帽、销钉、开口销等 14 种，线索类包括吊弦线、补偿绳、绑扎线、电连接线等 18 种，零件类包括本体、压板、夹板、定位钩等 57 种。

(3)外部环境位置分隧道壁、隧道口、挡土墙、桥护栏、上路桥、人行天桥、平交道口、站台雨棚、路基边坡、接触网基础、轨旁设备、邻近营业线和其他，共 13 类。

2. 缺陷名称

接触网缺陷分为参数类缺陷和图像类缺陷。

(1)参数类缺陷分为拉出值、接触线高度、硬点、燃弧等 13 类。

(2)图像类缺陷分为接触网器材(松、脱、卡、断、磨等 13 类)、外部环境、受电弓和弓网运行，共 16 类。

3. 缺陷等级

依据接触网运行维修规则将缺陷等级划分为一级和二级。现场实际运用需要可对一级、二级缺陷再进行等级细分，其中一级缺陷细分为一级 A、一级 B 和一级 C，二级缺陷分为二级 A 和二级 B。

第三章　数据分析及应用

第一节　1C 数据分析及运用

一、分析评价

（一）局部缺陷诊断

局部缺陷诊断是指通过对 1C 装置检测数据与缺陷阈值进行比较，发现“局部”或“点”的问题，诊断设备缺陷，辅助接触网维修。局部缺陷诊断的数据包括接触网动态几何参数、接触线平顺性参数和弓网受流参数，各参数评价阈值主要依据《接触网动态检测评价方法》（Q/CR 841）附表，详见表 3-1 和表 3-2。

表 3-1　高速铁路接触网动态缺陷诊断标准

项　目				一级缺陷	扣分标准	二级缺陷	扣分标准	统计步长
接触网动态几何参数	动态拉出值 a[a]/mm			$a \geqslant 550$	40 分	$450 \leqslant a < 500$	1 分	跨
				$500 \leqslant a < 550$	5 分			
	动态接触线高度 H[b]/mm			1. $H \geqslant 6\,650$ 2. $H <$ 该区段允许的最低值	40 分	1. 标准值 $+100 \leqslant H <$ 标准值 $+150$ 2. 标准值 $-100 \leqslant H <$ 标准值 -50	1 分	跨
				1. $H \geqslant$ 标准值 $+150$ 2. $H <$ 标准值 -100	5 分			
接触线平顺性参数	硬点 A_v/(m/s²)	200～250 km/h		$A_v \geqslant 588$	5 分	$490 \leqslant A_v < 588$	1 分	跨
		300～350 km/h		$A_v \geqslant 686$	5 分	$588 \leqslant A_v < 686$	1 分	跨
	一跨内接触线高差 $2A$/mm			$2A \geqslant 150$	5 分	$100 \leqslant 2A < 150$	1 分	跨
弓网受流参数	弓网接触力 F/N	最大接触力 F_{max}	200～250 km/h	$F_{max} \geqslant 300$	5 分	$250 \leqslant F_{max} < 300$	1 分	跨
			300～350 km/h	$F_{max} \geqslant 350$	5 分	$300 \leqslant F_{max} < 350$	1 分	跨
		最小接触力 F_{min}		$F_{min} < 20$	5 分	$20 \leqslant F_{min} < 40$	1 分	跨
	燃弧	最大燃弧时间 T_{max}/ms		$T_{max} \geqslant 100$	5 分	$50 \leqslant T_{max} < 100$	1 分	跨
		燃弧次数 n/次		$n \geqslant 6$	5 分	$4 \leqslant n < 6$	1 分	km

[a] 无交叉线岔动态拉出值按设计值校核，但不应超过 600 mm。

[b] 动态接触线高度标准值根据设计值确定。

表 3-2　普速铁路接触网动态缺陷诊断标准

项目			一级缺陷	扣分标准	二级缺陷	扣分标准	统计步长
接触网动态几何参数	动态拉出值 a/mm		$a \geqslant 600$	40 分	$450 \leqslant a < 500$	1 分	跨
			$500 \leqslant a < 600$	5 分			
	动态接触线高度 H[a]/mm		1. $H \geqslant 6\ 650$ 2. $H <$ 该区段允许的最低值	40 分	1. 标准值 $+150 \leqslant H <$ 标准值 $+250$ 2. 标准值 $-150 \leqslant H <$ 标准值 -100	1 分	跨
			1. $H \geqslant$ 标准值 $+250$ 2. $H <$ 标准值 -150	5 分			
接触线平顺性参数	硬点 A_v/(m/s^2)		$A_v \geqslant 490$	5 分	$392 \leqslant A_v < 490$	1 分	跨
	一跨内接触线高差 $2A$/mm		$2A \geqslant 200$	5 分	$150 \leqslant 2A < 200$	1 分	跨
弓网受流参数	弓网接触力 F/N	最大接触力 F_{max}	$F_{max} \geqslant 250$	5 分	$180 \leqslant F_{max} < 250$	1 分	跨
		最小接触力 F_{min}	$F_{min} < 20$	5 分	$20 \leqslant F_{min} < 40$	1 分	跨
	燃弧	最大燃弧时间 T_{max}/ms	$T_{max} \geqslant 100$	5 分	$50 \leqslant T_{max} < 100$	1 分	跨
		燃弧次数 n/次	$n \geqslant 6$	5 分	$4 \leqslant n < 6$	1 分	km

[a] 动态接触线高度标准值根据设计值确定。

(二)综合状态评价

局部缺陷诊断侧重发现“局部”或“点”的问题，综合状态评价则通过综合评价指标对接触网质量状态进行定量描述，关注“区段”或“单元”的状态，掌握设备整体情况，跟踪设备变化趋势。综合状态评价主要通过接触网优良率、合格率，接触网动态性能指数(CDI)进行描述。

1. 接触网优良率、合格率

接触网优良率、合格率以接触网动态几何参数、接触线平顺性参数、弓网受流参数检测数据为依据，对接触网的区段质量进行综合评价，反映接触网设备动态运行功能和管理质量。

以正线公里为单元，参照表 3-1、表 3-2 对各项目进行评价并扣分，各单元总扣分 $t<10$ 为优良、$10 \leqslant t<40$ 为合格、$t \geqslant 40$ 为不合格。

区段优良率、合格率根据区段内各单元接触网评价结果确定，优良、合格、不合格数为相同质量等级公里数之和。

优良率 EXR、不合格率 UQR、合格率 QR 分别按式(3-1)、式(3-2)、式(3-3)计算。

$$\mathrm{EXR}=\frac{L_{\mathrm{EX}}}{L_{\mathrm{T}}} \times 100\% \tag{3-1}$$

$$\mathrm{UQR}=\frac{L_{\mathrm{UQ}}}{L_{\mathrm{T}}} \times 100\% \tag{3-2}$$

$$\mathrm{QR}=1-\mathrm{UQR} \tag{3-3}$$

式中　L_{EX}——优良线路长度总和，单位为正线公里；

L_{UQ}——不合格线路长度总和，单位为正线公里；

L_T——评价线路长度总和，单位为正线公里。

2. 接触网动态性能指数(CDI)

以原始检测数据为基础，采用相关性分析和决策树算法，以动态拉出值、动态接触线高度、弓网接触力、燃弧率四个检测项目对弓网动态作用关系和受流质量的影响程度，构建评价函数模型，得出反映接触网动态性能的综合指标，即接触网动态性能指数(CDI)。

接触网动态性能评价方法按照接触网的固有结构划分评价单元。基本评价单元为一个锚段或一个关节式电分相或一个线岔等。各评价单元的接触网动态性能由 CDI 进行量化描述，取值范围为 $0 \leqslant CDI \leqslant 10$。

CDI 各分量及其权重如下：

(1)动态拉出值分量(CDI_S)，权重为 0.18；

(2)动态接触线高度分量(CDI_H)，权重为 0.36；

(3)弓网接触力分量(CDI_F)，权重为 0.36；

(4)燃弧率分量(CDI_A)，权重为 0.10。

CDI 计算公式如式(3-4)所示。

$$CDI = 0.18CDI_S + 0.36CDI_H + 0.36CDI_F + 0.10CDI_A \tag{3-4}$$

高速铁路与普速铁路 CDI 管理值见表 3-3。

表 3-3　CDI 管理值

线路类型	CDI 管理值
高速铁路	1.8
普速铁路	2.0

二、分析方法

(一)分析软件

接触网动态检测数据主要以 wave 格式波形呈现，目前多利用“接触网波形分析软件”进行数据显示及对比分析。

接触网波形分析软件界面如图 3-1 所示。主要展示以下内容：

1. 当前波形文件名：显示当前打开的波形文件名称，包括检测日期、线路名称、行别、局别、列车运行方向、检测受电弓等信息。

2. 历史波形文件名：显示打开的历史波形文件名称，历史波形文件与当前打开的波形文件进行对比，以比较接触网各检测参数的变化。

3. 支柱标识：图 3-1 中垂直的虚线，在接触网支柱处显示。

4. 当前波形：提供当前各检测通道检测值波形显示。

5. 历史波形：提供历史波形各检测通道检测值波形显示，为与当前波形进行区分，历史检测波形以灰色显示。

6. 吊弦标识：吊弦标识显示在接触线高度波形上，以小竖线的形式显示。在检测接触网有吊弦的地方进行相应位置的吊弦显示。

7. 当前公里标：当前检测数据的里程信息，每 100 m 进行数字标记，每 10 m 用小刻度显示。

8. 历史公里标：历史检测数据的里程信息，为与当前公里标进行区分，历史公里标以灰色显示。

9. 数据窗口：显示当前鼠标指向位置检测结果信息。

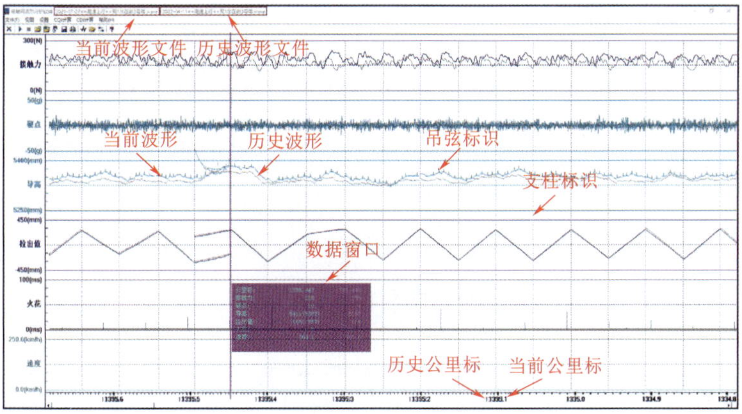

图 3-1 接触网波形分析软件界面

（二）波形特征

1C 装置检测到的接触网支柱、吊弦、锚段关节、分段绝缘器、线岔等设备及直线、区段等线路特征，以特定的接触网要素特征展现在 wave 格式波形图中。

1. 支柱和吊弦

支柱及吊弦波形特征如图 3-2 所示。竖直方向贯通各通道的虚线代表支柱（或定位点），接触线高度曲线上方的小竖线代表吊弦。

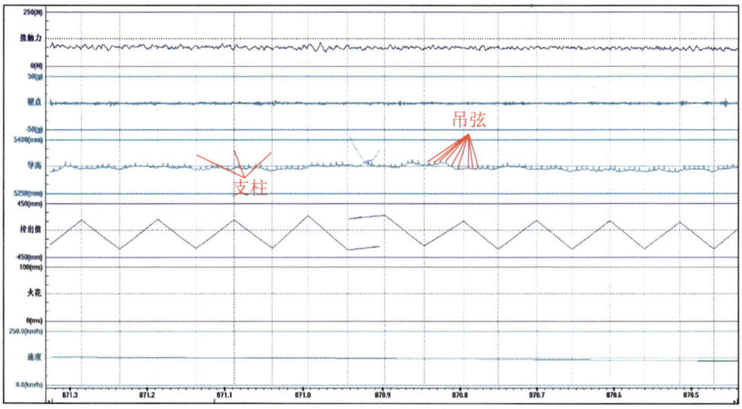

图 3-2 支柱（或定位点）及吊弦波形

2. 锚段关节

根据锚段关节所含跨数，锚段关节可分为四跨、五跨等结构形式。

（1）四跨锚段关节

典型四跨锚段关节检测波形如图 3-3、图 3-4 所示。四跨锚段关节分为绝缘（接触线间距 500 mm）和非绝缘（接触线间距 200 mm 或 500 mm）两种形式，其等高点均在中心柱定位点处。1C 装置检测数据呈现的四跨锚段关节双支接触线区域主要在中心柱附近。

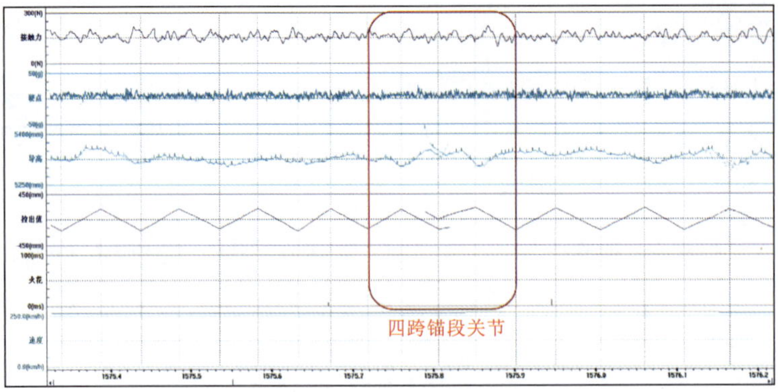

图 3-3　四跨锚段关节波形(间距 200 mm)

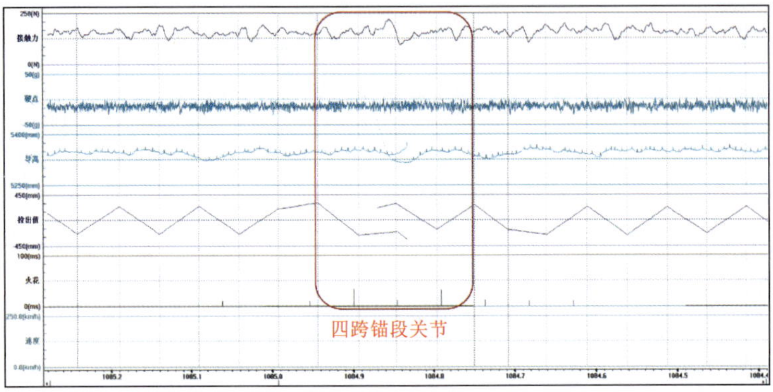

图 3-4　四跨锚段关节波形(间距 500 mm)

(2)五跨锚段关节

典型五跨锚段关节检测波形如图 3-5、图 3-6 所示。五跨锚段关节同样分为绝缘(接触线间距 500 mm)和非绝缘(接触线间距 200 mm 或 500 mm)两种形式,其等高点位于内侧两转换柱跨中。1C 装置检测数据呈现的五跨锚段关节双支接触线区域主要在内侧两转换柱之间。

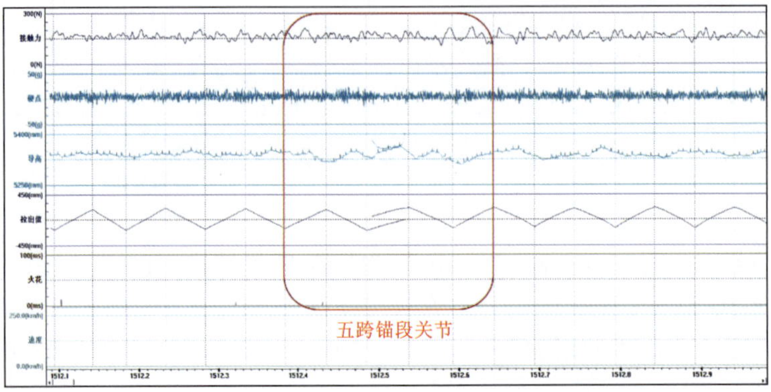

图 3-5　五跨锚段关节波形(间距 200 mm)

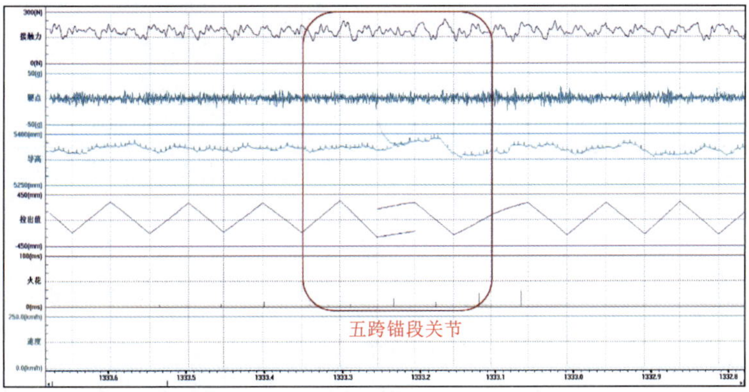

图 3-6　五跨锚段关节波形(间距 500 mm)

3. 关节式电分相

常用的关节式电分相主要有六跨、七跨、八跨、九跨、十一跨、十二跨、十三跨。根据电分相结构的断口数量,可分为两断口和三断口两种形式,如图 3-7、图 3-8 所示。

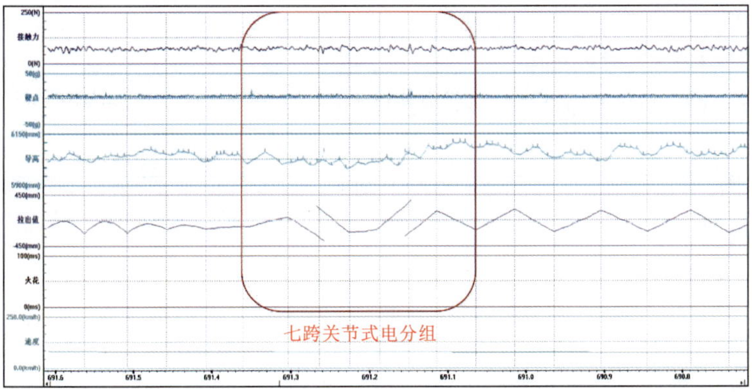

图 3-7　七跨(两断口)关节式电分相波形

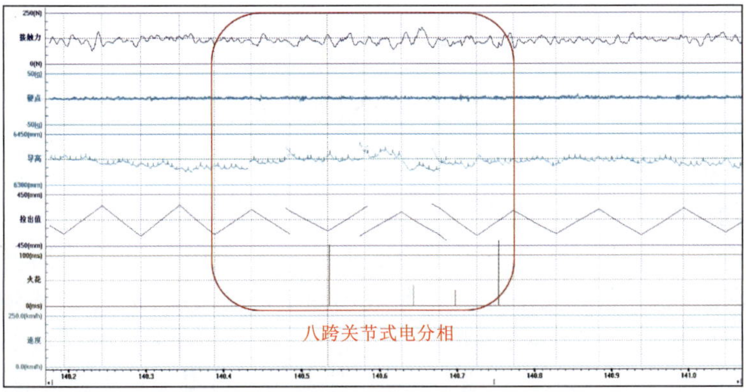

图 3-8　八跨(三断口)关节式电分相波形

4. 分段绝缘器

典型分段绝缘器检测波形如图 3-9 所示。通常分段绝缘器附近弓网接触力和硬点数值波动明显。

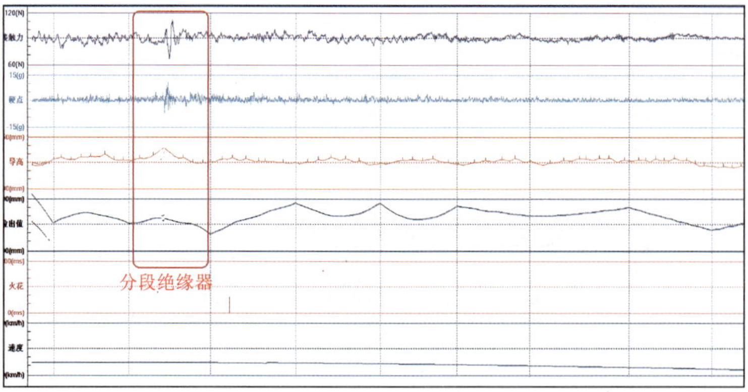

图 3-9　分段绝缘器波形

5. 交叉线岔

典型交叉线岔检测波形如图 3-10 所示。通过交叉线岔时，受电弓从一支接触线过渡到另一支接触线，接触导线存在明显的交叉和转换的特点。

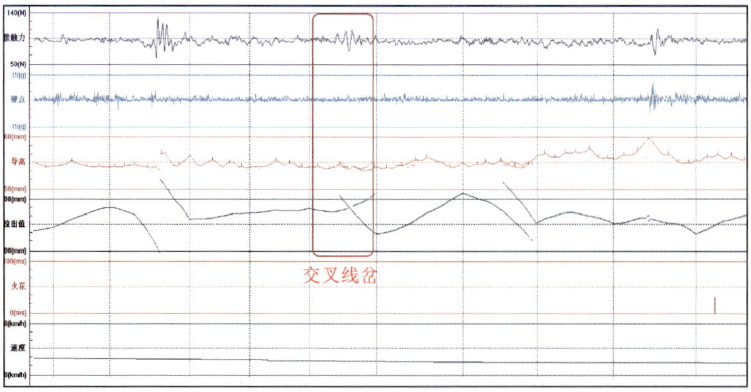

图 3-10　交叉线岔波形

6. 无交叉线岔

(1)不带辅助锚段的无交叉线岔

典型不带辅助锚段无交叉线岔检测波形如图 3-11、图 3-12 所示。正线通过时，受电弓沿正线接触悬挂平滑通过线岔区域，与侧线接触线不发生任何接触，1C 装置检测数据呈现出线岔区域侧线接触线的分布状态，并在波形数据中显示出来。侧线通过时，接触网中的接触线从受电弓工作面向外、向上脱离受电弓，另一支接触线从受电弓滑板导角处滑向受电弓工作面，两支接触线无交叉。

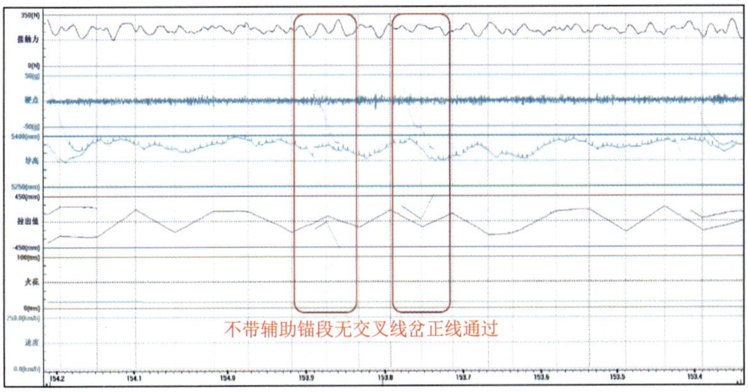

图 3-11　不带辅助锚段无交叉线岔正线通过波形

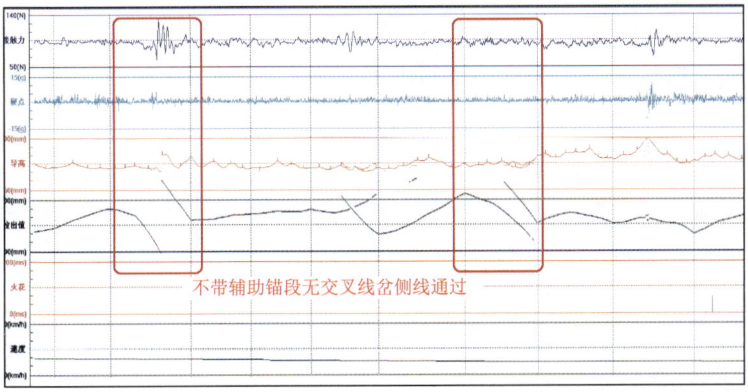

图 3-12　不带辅助锚段无交叉线岔侧线通过波形

(2)带辅助锚段的无交叉线岔

典型带辅助锚段无交叉线岔检测波形如图 3-13、图 3-14 所示。正线、侧线通过,受电弓滑板均要与辅助锚段接触线接触,其特性和分析与锚段关节相似。

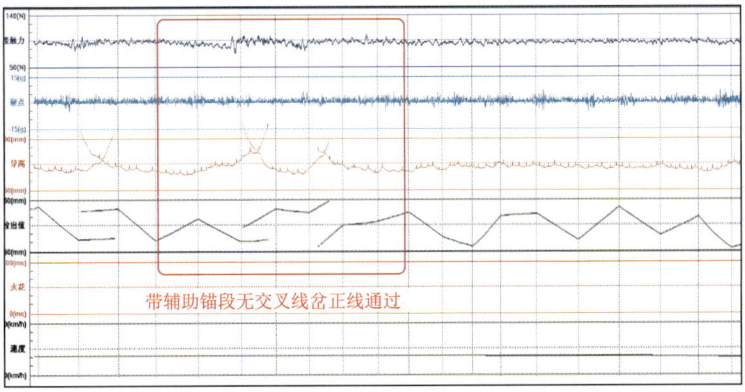

图 3-13　带辅助锚段无交叉线岔正线通过波形

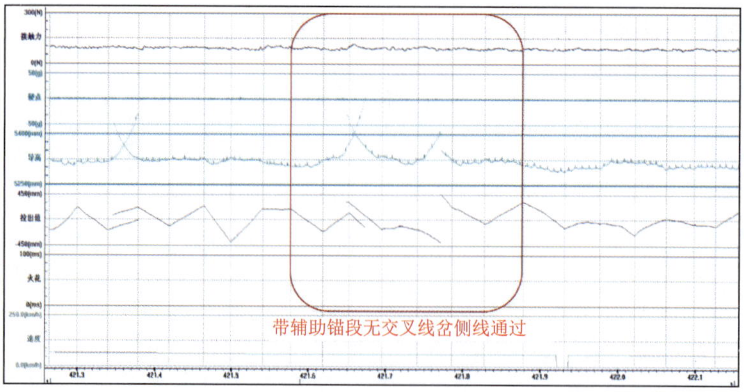

图 3-14　带辅助锚段无交叉线岔侧线通过波形

7. 直线、曲线区段

轨道线路有直线和曲线两种形式。检测波形将处于直线和曲线的接触线走向放在同一直线坐标进行呈现,直线区段拉出值在波形图上表现为直线,曲线区段拉出值在波形图上表现为弧形,如图 3-15、图 3-16 所示。

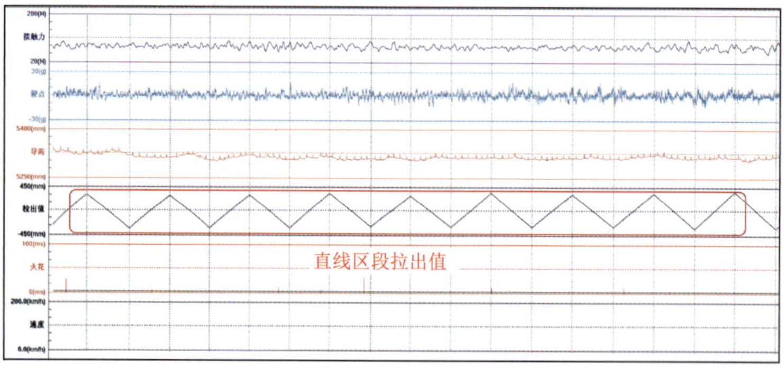

图 3-15　直线区段拉出值波形

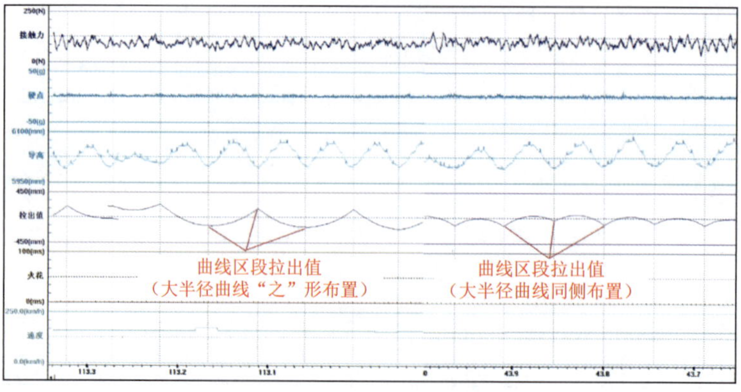

图 3-16　曲线区段拉出值波形

从以上的特征波形可见，当需要查找的缺陷位于锚段中间柱位置时，可通过相邻特殊结构的波形特征进行定位，快速准确地找到位置。缺陷位置查找方法示意如图 3-17 所示，缺陷位置位于五跨锚段关节锚柱往大里程方向第 4 根支柱。

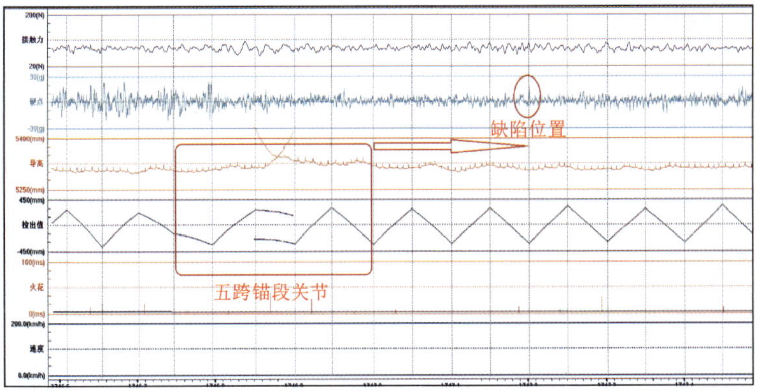

图 3-17　缺陷位置查找方法示意

（三）分析方法

1. 阈值分析

接触网动态检测数据分析主要通过阈值判断的方式发现设备局部缺陷。局部缺陷诊断的分析依据中明确规定了各参数的阈值标准，达到或超出阈值判定为缺陷，且根据各参数大于超出不同阈值范围时可能发生的危害程度，将缺陷分为了一级缺陷和二级缺陷。“接触网波形分析软件”阈值设置窗口如图 3-18 所示。

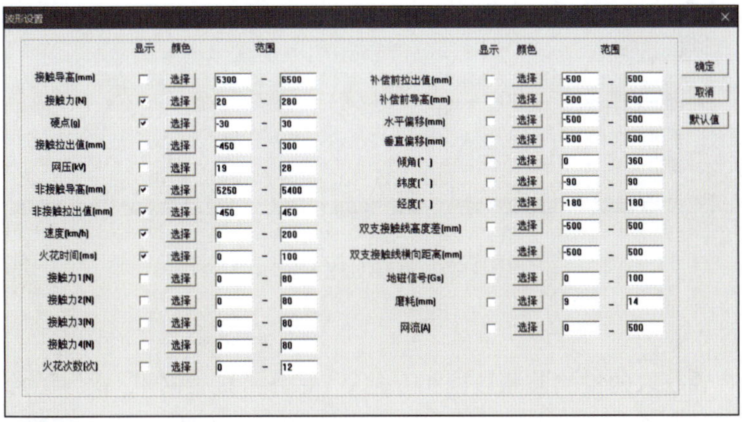

图 3-18　阈值设置窗口

阈值分析示意如图 3-19 所示，燃弧时间大于二级缺陷阈值 50 ms，属于二级缺陷。

2. 重复对比分析

接触网波形分析软件最多可对三次检测数据进行可视化对比。对比分析短期内数据可反

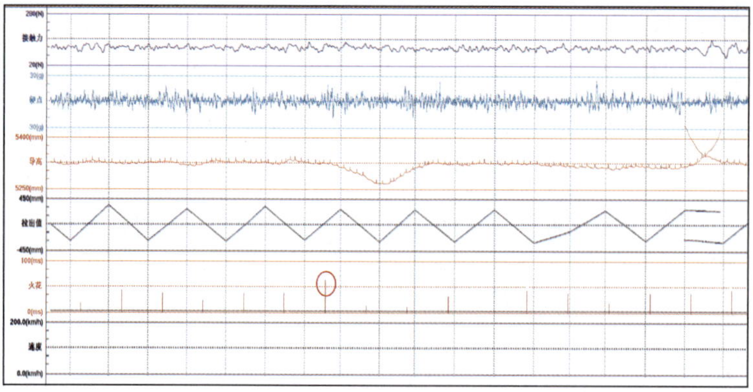

图 3-19　阈值分析示意

映接触网设备短时状态变化，判别局部缺陷诊断的有效性和评价维修效果；对比历史数据可反映接触网设备长期动态性能特征，总结设备状态变化规律和趋势，掌握接触网设备参数易发不良的线路、区段、时间及维修调整前后的效果。重复对比分析示意如图 3-20 所示，通过重复对比分析发现新开通的某线路路基沉降。

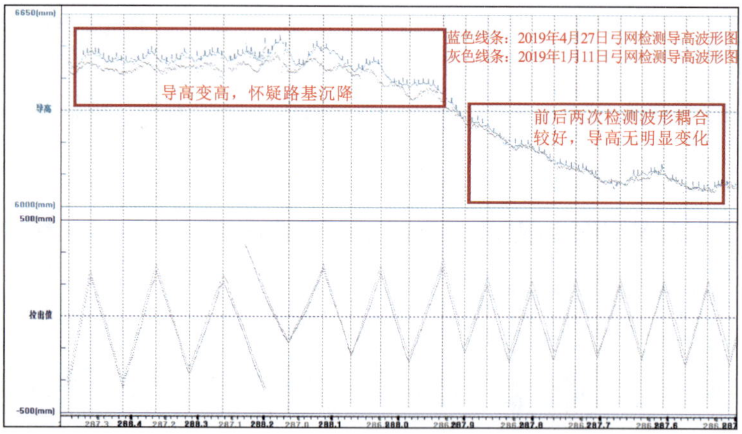

图 3-20　重复对比分析示意

3. 数据融合分析

6C 系统各装置获取的检测监测数据相互独立，对分析接触网不同层面的状态均有重要价值，同时各检测装置数据间存在相互支撑、互为补充的关系，融合分析各装置的检测数据能更准确判断接触网设备状态、更深入掌握设备运行规律，提高检测数据的使用价值。重复对比分析发现某区间 1390 号定位点导高明显降低，如图 3-21 所示，调取该定位点同时期的 4C 图片融合分析，发现该区间 1390 号支持装置双套筒连接器滑移，如图 3-22 所示。因此，判断该定位点导高降低的原因为支持装置双套筒连接器滑移。

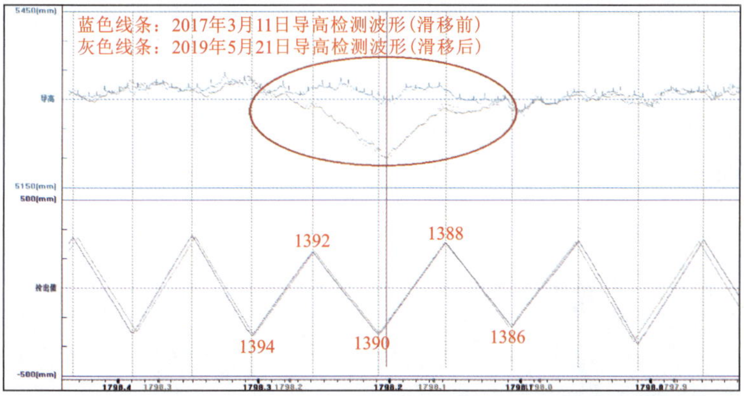

图 3-21　重复对比分析发现导高降低

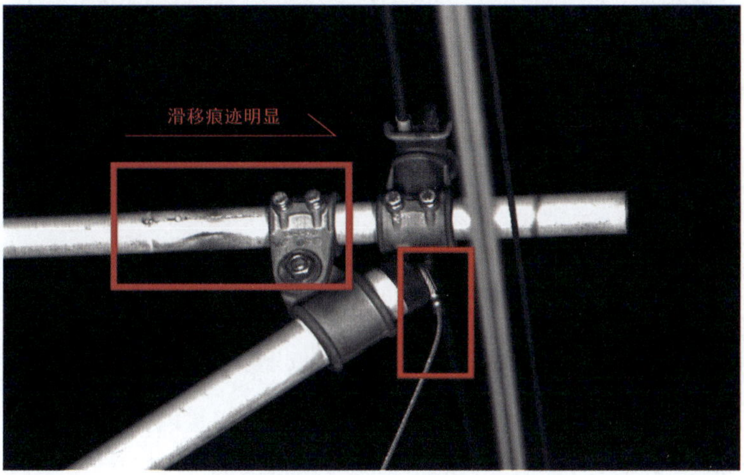

图 3-22　双套筒连接器滑移

第二节　2C 数据分析及运用

一、分析项点

接触网设备有无明显脱、断、偏移及其他异常情况，有无鸟巢、危树等可能危及接触网供电的周边环境因素，有无侵入限界、妨碍机车车辆运行的障碍等。

二、分析方法

（一）分析类型

按照检测性质的特点，2C 装置检测数据分析分为专项分析和全面分析。

专项分析是指对季节性、关键性问题的分析，如鸟害分析、防洪分析、跨线桥分析、跨越线分析、隧道口分析、沿线侵限树木分析等。对于专项分析，应在 2C 装置采集数据后 1 日内完成分析。

全面分析是指按照检测周期进行的涵盖 2C 检测到的所有项点的分析，应在检测后 3 日内完成分析。

（二）分析方法

分析 2C 数据时，可将检测数据的可视范围分为 A、B、C 三大区域进行分析，简称区域分析，如图 3-23 所示。

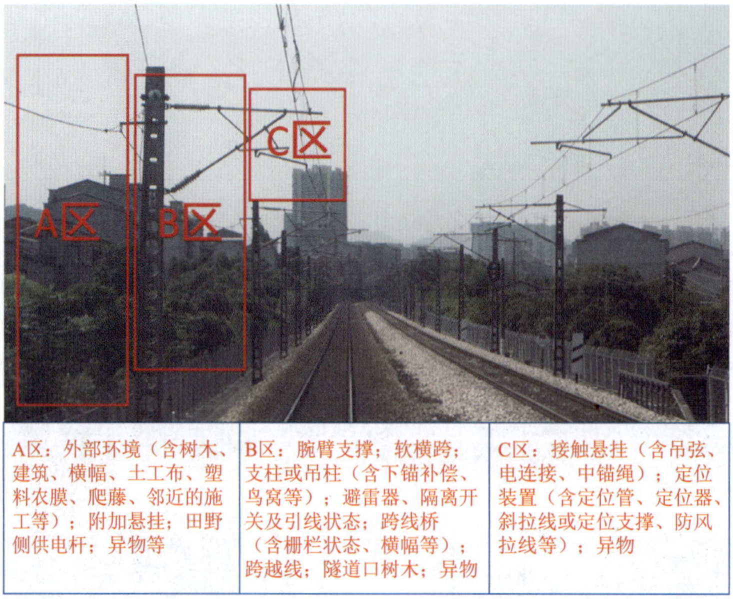

图 3-23　2C 检测数据区域分析示意

1. A 区

(1)外部环境：一是线路两侧树木、竹子、杂草等是否侵限；二是线路两侧树木、竹子等倾倒后是否会影响供电或行车安全，如图 3-24 所示；三是线路附近有无轻质漂浮物等，如图 3-25 所示。

图 3-24　线路旁危树

图 3-25　线路旁轻质漂浮物

(2)附加悬挂:一是线索弛度状态是否良好;二是绝缘子是否有明显破损;三是线索上是否缠绕有明显异物。图 3-26 所示为回流线从针式绝缘子上脱落。

图 3-26　回流线从针式绝缘子上脱落

(3)田野侧供电杆:一是有无鸟窝、蜂巢等;二是有无爬藤,如图 3-27 所示。

(4)施工点:一是铁路两旁施工点是否属于本单位施工监督范围内或新增施工点;二是施工点是否正在作业中,作业过程是否危及供电、行车安全,如图 3-28 所示;三是停止作业的施工点是否有轻质漂浮物未清理干净。

2. B 区

(1)支持装置:一是支持装置各零部件有无明显的松、脱、断等,如图 3-29 所示;二是有无明显的异物挂在支持装置上。

图 3-27　供电杆爬藤

图 3-28　路外吊机施工侵入营业线安全限界

图 3-29　斜腕臂管帽缺失

(2)支柱或吊柱：一是支柱有无倾斜、基础下沉，如图 3-30 所示；二是支柱上有无鸟窝、蜂巢；三是补偿装置有无明显异常，如补偿 a、b 值过小。

图 3-30　支柱基础下沉

(3)单项设备：一是避雷器或隔离开关引线弛度状态是否良好；二是避雷器脱扣器是否脱落，接地引线、隔离开关电缆等是否固定牢固；三是避雷器、隔离开关底座有无鸟窝，如图 3-31 所示。

图 3-31　隔离开关底座鸟窝

(4)跨线桥：一是跨越桥、安全防护网有无明显异常；二是跨越桥上有无异物、横幅，如图 3-32 所示；三是桥上的花草、爬藤等是否对铁路供电及行车存在安全隐患。

图 3-32　跨线桥上横幅

(5)隧道口:一是隧道口上方斜坡是否有明显的滑坡等;二是隧道口树木、杂草是否侵限,如图 3-33 所示;三是有无明显的异物。

图 3-33　隧道口爬藤

3. C 区

(1)接触悬挂:一是吊弦、中心锚结、电连接、弹性吊索、承力索、接触线弛度状态是否良好,有无明显断股,如图 3-34 所示;二是跨越桥下、隧道口处等重点处所承力索有无安装预绞式护线条;三是有无异物。

(2)定位装置:一是判断定位器坡度是否符合要求,如图 3-35 所示;二是检查斜拉线是否与弹性吊索互磨;三是防风拉线有无变形或缺失。

图 3-34　刚性吊弦脱槽

图 3-35　定位器拉线断脱，定位器坡度过小

第三节　3C 数据分析及运用

一、分析项点

接触网与受电弓运行状态是否良好；动态几何参数是否超限；受电弓及接触网设备温度是否超标；接触网设备有无明显松、脱、断、偏移等情况。

二、分析方法

通常情况下，3C 装置检测数据分析主要包括远程实时报警数据甄别和硬盘离线数据分析。

（一）实时报警数据甄别

1. 3C 数据接收与分析终端使用方法

（1）通过互联网浏览器特定网站或专用分析软件进入登录界面，输入账号密码进入分析界面，如图 3-36 所示。

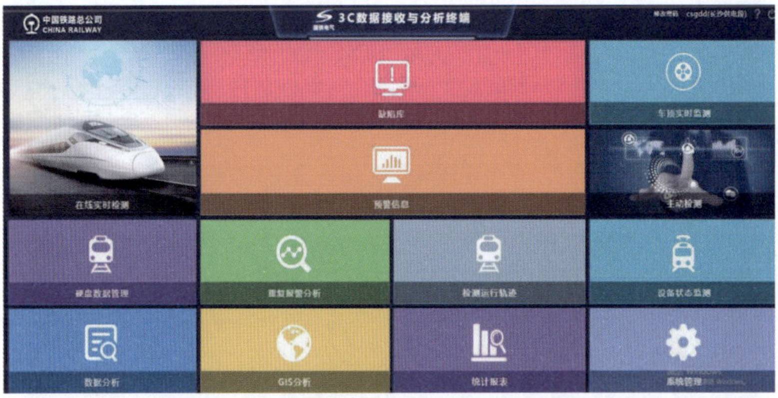

图 3-36　3C 数据接收与分析终端界面

（2）点击“预警信息”浏览报警数据列表，然后点击需要甄别的任一信息，就会显示报警处所的详细信息，包括可见光视频、红外视频、温度曲线、参数曲线等，如图 3-37 所示，最后人工甄别报警信息是否构成缺陷。

图 3-37　3C 报警信息展示界面

2. 报警信息甄别分析方法

（1）燃弧报警

①分析报警信息（特别是重复报警信息），如温度、燃弧时长、导高、拉出值是否超标。

②通过可见光图像、红外图像确认燃弧位置和最高温度。

③回放视频确认有无明显燃弧点或连续的燃弧区段，其中分段绝缘器燃弧要重点关注有无线夹脱落、消弧角及滑板磨耗等问题；接触线燃弧要重点关注接触线上各类线夹有无偏斜，接触线有无硬弯，接触线是否平顺等。

（2）参数报警

与该处所历史报警数据进行对比分析导高、拉出值、温度的变化，确认报警处所，分析可能存在的问题。注意升弓端检出的和重复多次检出的报警信息优先分析、确认。

（3）接触网设备及外部环境异常报警

①接触悬挂：有无承力索断股，吊弦脱落、断股、松弛，中心锚结绳断股、松弛，接触网零部

件松脱、断裂，接触网挂异物等。

②附加悬挂：有无 AF 线、加强线、PW 线、回流线、架空地线及其连接部件脱落等。

③定位支持装置：有无定位支持装置零部件松脱、断裂等。

④外部环境：有无支柱、吊柱倾斜，树木侵限，鸟窝，杆号牌脱落，受电弓挂异物等。

(二)硬盘离线数据分析

硬盘离线数据主要包括可见光视频、红外视频和几何参数。

1. 可见光视频分析主要是检查接触网有无明显的松、脱、断等，观察弓网运行情况等。3C 可见光视频分析界面如图 3-38 所示。

图 3-38　3C 可见光视频分析界面

2. 红外视频主要用于分析温度过高的情况。通常情况下，导致温度过高的原因有两种，分别为零部件导流异常和弓网燃弧。温度报警后，通过红外图像观察温度异常发生位置差异，零部件导流异常致热红外图像最高温在接触网设备上，弓网燃弧致热红外图像最高温通常在弓网受流位置，如图 3-39、图 3-40 所示。

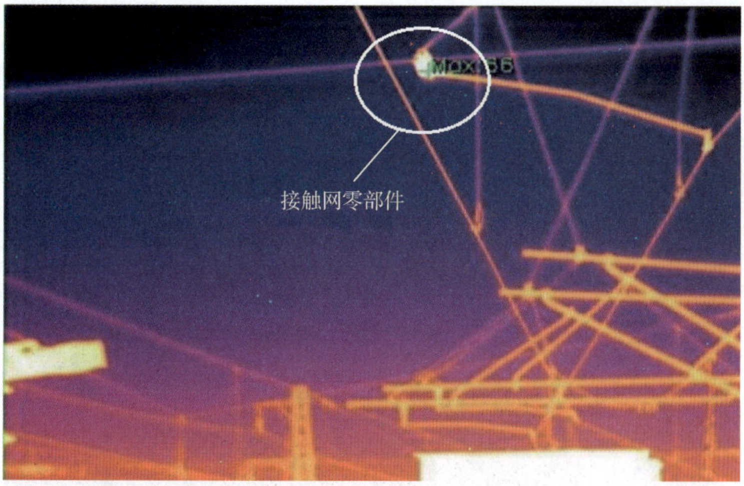

图 3-39　零部件导流异常致热的发热位置

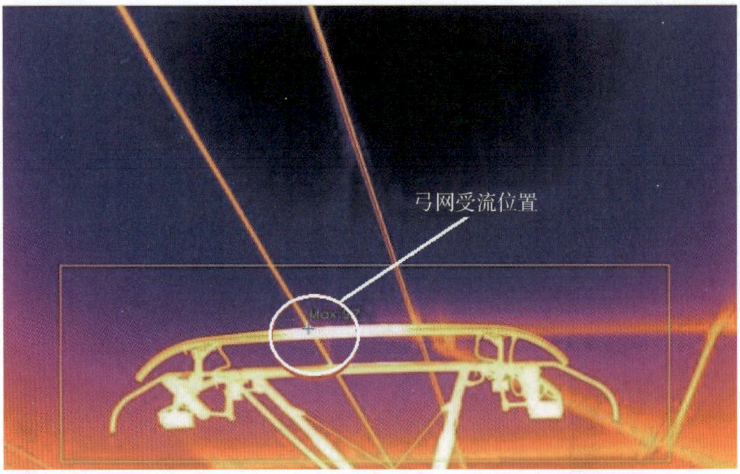

图 3-40　弓网燃弧致热的发热位置

第四节　4C 数据分析及运用

一、分析项点

接触网设备零部件有无烧伤、缺失、断裂、松动及其他异常情况。

二、分析方法

对接触网设备分区域分析，将分析的内容划分为支持装置、定位装置、支柱及附加悬挂、补偿装置、吊弦、电连接六大模块。

（一）支持装置

1. 分析流程

支持装置分析流程如图 3-41 所示，根据图示编号顺序依次分析各零部件状态。

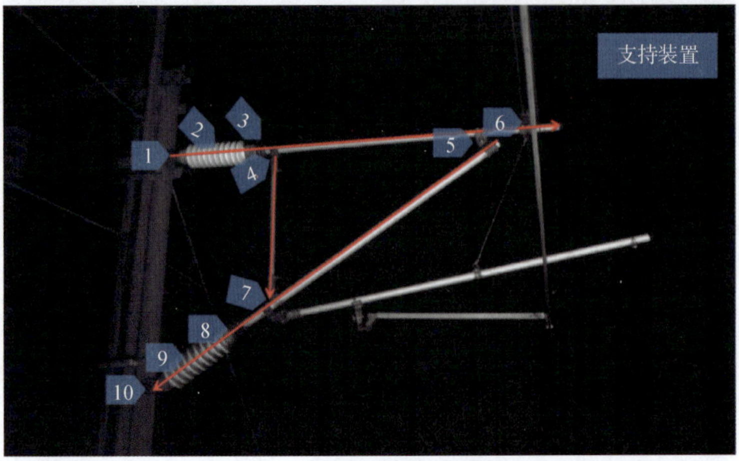

图 3-41　支持装置分析流程

2. 分析内容

(1)检查平腕臂底座销钉开口销是否缺失或掰开到位,竖向销钉穿向是否正确。

(2)检查平腕臂绝缘子是否有裂纹、破损、烧伤、剥釉和严重脏污现象。

(3)检查平腕臂铁锚压板是否牢固,U 形螺栓螺母有无松动、缺失。

(4)检查平腕臂套管单耳、斜撑双耳套筒是否牢固或有无裂纹。检查顶紧螺栓、副螺母、U 形螺栓螺母有无松动、缺失。检查销钉开口销是否缺失或掰开到位。

(5)检查双套筒连接器是否牢固或有无裂纹,连接螺栓螺母有无松动、缺失。检查顶紧螺栓、副螺母有无松动、缺失。检查斜腕臂管帽有无缺失、破损。

(6)检查承力索座是否牢固或有无裂纹,平衡线是否缺失或安装是否正确。检查斜拉线钩是否变形或有无裂纹。检查顶紧螺栓、副螺母有无松动、缺失。检查斜拉线回头是否入槽。检查平腕臂管帽有无缺失、破损。

(7)检查斜腕臂套管单耳、斜撑双耳套筒、旋转双耳是否牢固或有无裂纹。检查顶紧螺栓、副螺母、U 形螺栓螺母有无松动、缺失。检查销钉开口销是否缺失、是否掰开到位。

(8)检查斜腕臂铁模压板是否牢固,U 形螺栓螺母有无松动、缺失。

(9)检查斜腕臂绝缘子是否有裂纹、破损、烧伤、剥釉和严重脏污现象。

(10)检查斜腕臂底座销钉开口销是否缺失、是否掰开到位,竖向销钉穿向是否正确。

(二)定位装置

1. 分析流程

定位装置分析流程如图 3-42 所示,根据图示编号顺序依次分析各零部件状态。

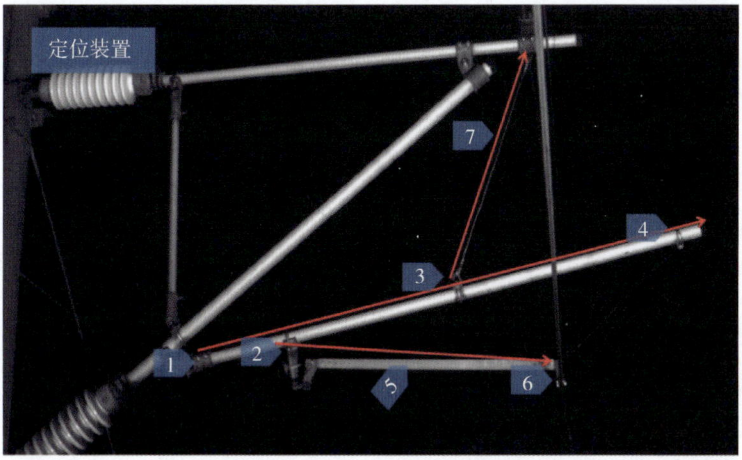

图 3-42　定位装置分析流程

2. 分析内容

(1)检查定位管双耳套筒是否牢固或有无裂纹。检查顶紧螺栓、副螺母有无松动、缺失。

(2)检查定位支座是否牢固或有无裂纹,U 形螺栓螺母是否缺失或松动。检查等定位线有无断股、散股、烧伤或其他不良状态,等电位线固定螺栓螺母是否缺失或松动。检查电位器受力情况及定位止钉间隙是否合规。

(3)检查斜拉线固定钩是否变形或有无裂纹,U 形螺栓螺母是否缺失或松动。检查斜拉线回头是否入槽。

(4)检查防风拉线定位环是否变形或有无裂纹,U形螺栓螺母是否缺失或松动。检查防风拉线整体是否变形,防风拉线穿向及活动余量是否合规。检查定位管管帽有无缺失、破损。

(5)检查定位器整体外观是否变形或有无裂纹。

(6)检查定位线夹是否牢固或有无裂纹,定位线夹受力方向是否正确,定位线夹是否入槽。检查定位线夹螺栓螺母是否缺失或松动,U形销钉是否变形或有无裂纹,掰开角度是否合规。

(7)检查斜拉线本体有无断股、散股或其他不良状态,斜拉线是否处于受力状态。

(三)支柱及附加悬挂

1. 分析流程

支柱及附加悬挂分析流程如图3-43所示,根据图示编号顺序依次分析各零部件状态。

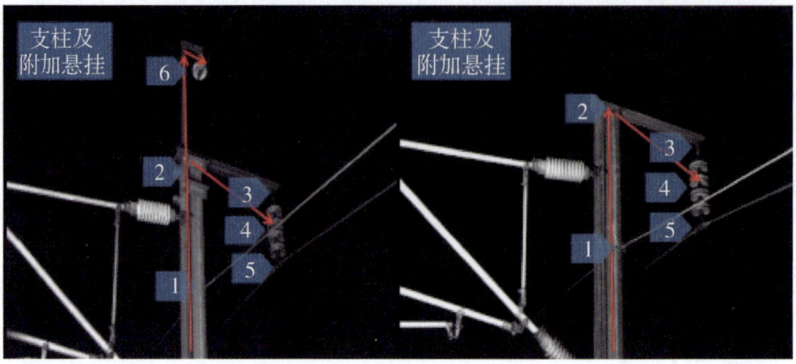

图3-43　支柱及附加悬挂分析流程

2. 分析内容

(1)检查PW线底座螺栓螺母是否缺失或松动。检查PW线整体外观有无断股、散股、烧伤或其他不良状态。

(2)检查AF线肩架、抱箍连接螺栓螺母是否缺失或松动。

(3)检查双耳连接器是否牢固或有无裂纹,连接螺栓螺母是否缺失或松动,开口销是否缺失、是否掰开到位。

(4)检查绝缘子是否有裂纹、破损、烧伤、剥釉和严重脏污现象。检查M销是否安装到位或缺失。

(5)检查悬垂线夹是否牢固,U形螺栓螺母是否缺失或松动,连接螺栓螺母是否缺失或松动,开口销是否缺失、是否掰开到位。检查AF线整体外观有无断股、散股、烧伤或其他不良状态。

(6)检查双耳连接器是否牢固或有无裂纹,连接螺栓螺母是否缺失或松动,开口销是否缺失、是否掰开到位。检查绝缘子是否有裂纹、破损、烧伤、剥釉和严重脏污现象。检查U形螺栓螺母是否缺失或松动。检查架空地线整体外观有无断股、散股、烧伤或其他不良状态。

(四)补偿装置

1. 分析流程

补偿装置分析流程如图3-44所示,根据图示编号顺序依次分析各零部件状态。

2. 分析内容

(1)检查承锚、线锚棘轮支架各部连接螺栓螺母是否缺失或松动。

(2)检查承锚棘轮整体外观是否有裂纹、破损、变形或偏移。检查制动卡块是否有足够间

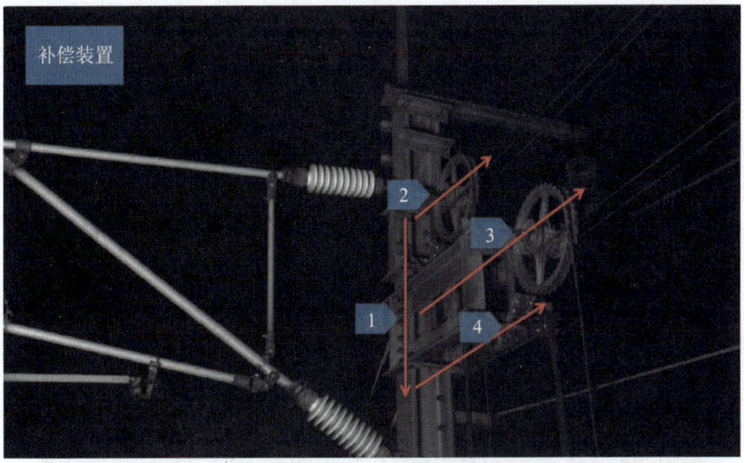

图 3-44　补偿装置分析流程

隙。检查补偿绳是否有偏磨、交叉、松股、断股、接头。

(3)检查线锚棘轮整体外观是否有裂纹、破损、变形或偏移。检查制动卡块是否有足够间隙。检查补偿绳是否有偏磨、交叉、松股、断股、接头。

(4)检查线锚连接轴底部螺栓是否缺失或松动,检查开口销是否缺失、是否掰开到位。检查限制管及卡箍是否有裂纹、破损,检查螺栓螺母是否缺失或松动。检查限制管管帽有无缺失、破损。

(五)吊弦

1. 分析流程

吊弦分析流程如图 3-45 所示,根据图示编号顺序依次分析各零部件状态。

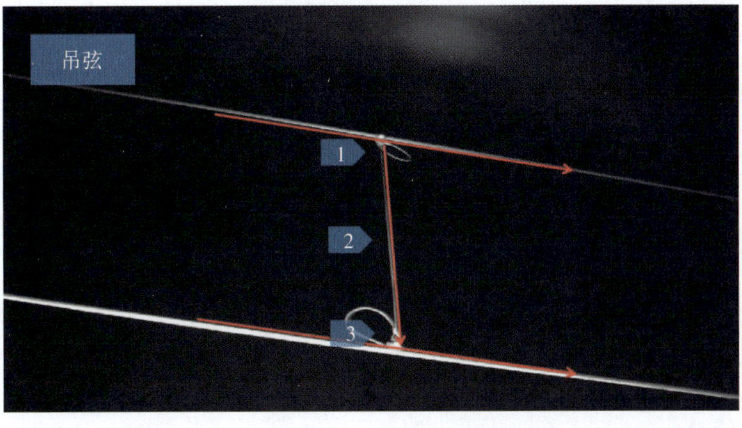

图 3-45　吊弦分析流程

2. 分析内容

(1)检查承力索吊弦线夹是否压接到位,有无偏移,线夹螺母是否紧固,U 形插销露头是否符合标准。检查载流环、承力索是否有散股、断股、烧伤或其他不良状态。

(2)检查吊弦本体是否有散股、断股、烧伤或其他不良状态。检查吊弦是否偏移过大。

(3)检查接触线吊弦线夹是否压接到位,有无偏移或未入槽,线夹螺母是否紧固。检查载流环是否有散股、断股、烧伤或其他不良状态。

(六)电连接

1. 分析流程

电连接分析流程如图 3-46 所示,根据图示编号顺序依次分析各零部件状态。

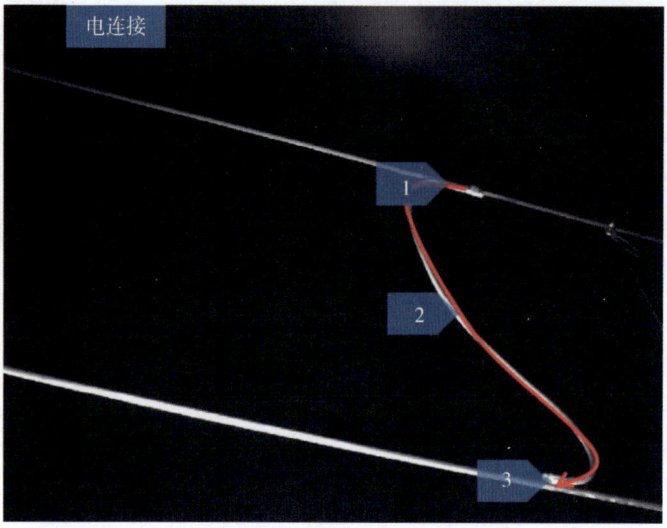

图 3-46　电连接分析流程

2. 分析内容

(1)检查电连接线夹与承力索连接是否牢固,是否压接到位。检查电连接线露头是否符合标准,线夹内有无异物。

(2)检查电连线本体是否有散股、断股、烧伤现象,是否有接头或其他不良状态。

(3)检查电连接线夹与接触线连接是否牢固,是否压接到位。检查电连接线、U 形插销露头是否符合标准,线夹内有无异物,电连接线弛度是否合规。

第五节　5C 数据分析及运用

一、分析项点

受电弓滑板表面是否有纵向贯通性裂纹,受电弓滑板边缘处是否有磕碰,受电弓滑板是否大面积掉块、脱落,受电弓是否扭曲变形、挂异物等。

二、分析方法

(一)分析管理

5C 装置监测数据包括列车通过时刻、列车车号信息及图像、受电弓滑板区域图像。每日由供电段安排专人对 5C 装置监测数据不间断分析,发现受电弓异常或遇有报警信息时,应立即将该车车号及异常信息上报局供电调度员,由局供电调度员通知机车或动车调度员并确认该车车次及行车径路,各工种调度员及时通知相关单位检查确认。同时当分析员接到局供电调度员等有关人员反映的受电弓运行异常信息时，要及时查看、分析相应径路的 5C 装置监测数据。

（二）分析方法

5C 装置监测数据分析主要包括自动报警数据甄别和全程监测数据分析。

1. 自动报警数据甄别

（1）通过互联网浏览器特定网站进入登录界面，输入账号密码进入分析界面，如图 3-47 所示。

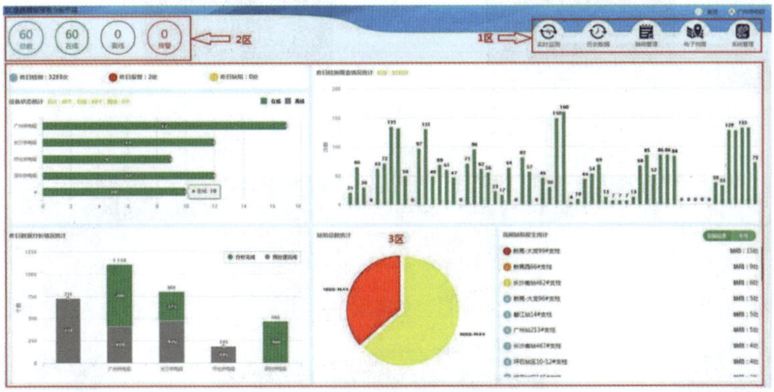

图 3-47　5C 地面数据接收分析终端界面

（2）系统自动对检测数据进行智能分析，发现问题会有弹窗及报警声音提示。报警提示后，点击分析主界面 2 区的“报警”打开信息提示框，点击“报警”查看系统自动报警信息，如图 3-48 所示。

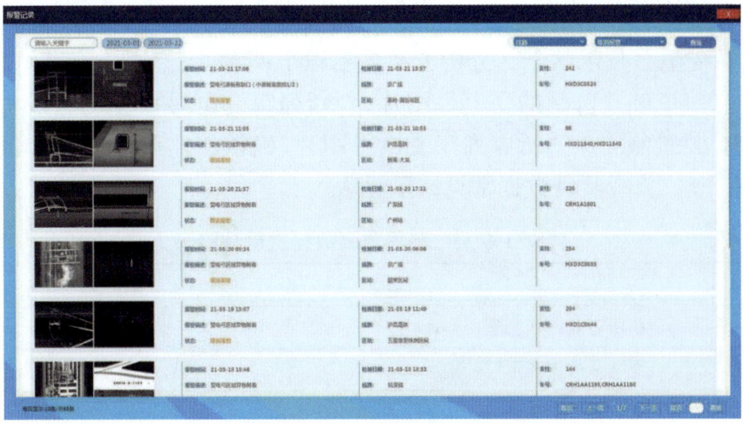

图 3-48　5C 报警数据分析界面

2. 全程监测数据分析

（1）点击分析主界面 1 区中的“历史数据”，展开 5C 装置的各个监测点，点击相应监测点查看相关受电弓信息，如图 3-49 所示。

（2）点击查看标记，系统自动弹出通过该监测点的每趟动车组（机车）相关信息及受电弓照片，如图 3-50 所示。

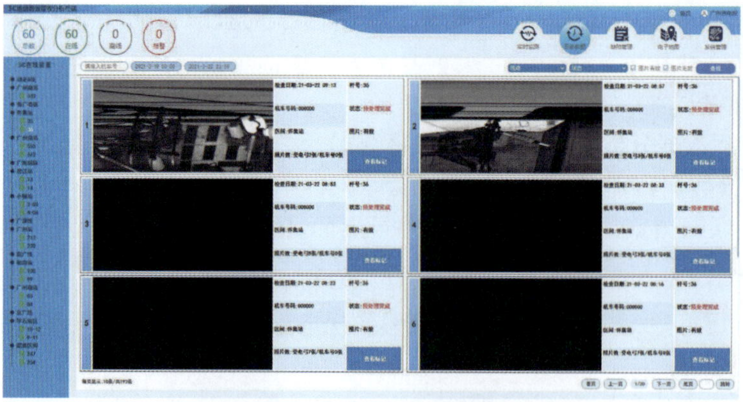

图 3-49　5C 全程数据分析界面

图 3-50　5C 全程数据受电弓状态分析界面

(3)分析确认受电弓技术状态。分析方法包括以下两种：一是横向分析，指通过查看故障列车运行径路上各 5C 装置监测的受电弓图片，判断列车受电弓损坏的区段；二是纵向分析，指通过查看某 5C 装置监测点的所有列车受电弓图片，确认该监测点前一个区段的接触网设备状态是否良好。5C 装置监测数据常见缺陷见表 3-4。

表 3-4　5C 装置监测数据常见缺陷

部件名称	缺陷类别	缺陷类型
高压线缆	高压等电位线断裂	断裂
受电弓弓头	受电弓弓头变形	变形
	受电弓弓头断裂	断裂
受电弓滑板	受电弓滑板有缺口	缺口
	受电弓滑板磨损严重	磨损
受电弓整体区域	受电弓区域异物附着	异物
受电弓支架	受电弓弓头支架(连接处)断裂、破损	断裂
	受电弓弓头支架(平衡杆)明显变形	变形
	受电弓弓头支架(平衡杆)疑似烧伤、腐蚀	烧伤

第四章　典型案例

第一节　1C 典型案例

一、拉出值案例

1. 某普速铁路检测出曲线区段连续拉出值二级缺陷，检测波形如图 4-1 所示。该处线路为曲线区段，列车通过该曲线区段时车速未能达到设计速度，车体减振系统在重力下向曲线内侧倾斜，受电弓中心线随列车车体向曲线内侧偏离线路中心线，造成动态拉出值偏离静态拉出值，视频截图如图 4-2 所示。

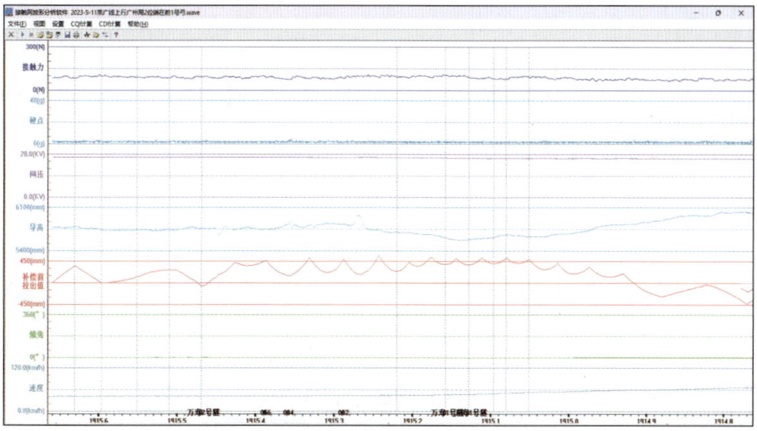

图 4-1　曲线区段拉出值缺陷检测波形

图 4-2　曲线区段拉出值缺陷视频截图

2. 某普速铁路检测出拉出值一级缺陷，检测波形如图 4-3 所示。缺陷原因为支柱向田野侧倾斜造成接触网拉出值缺陷。支柱基础位移现场如图 4-4 所示。

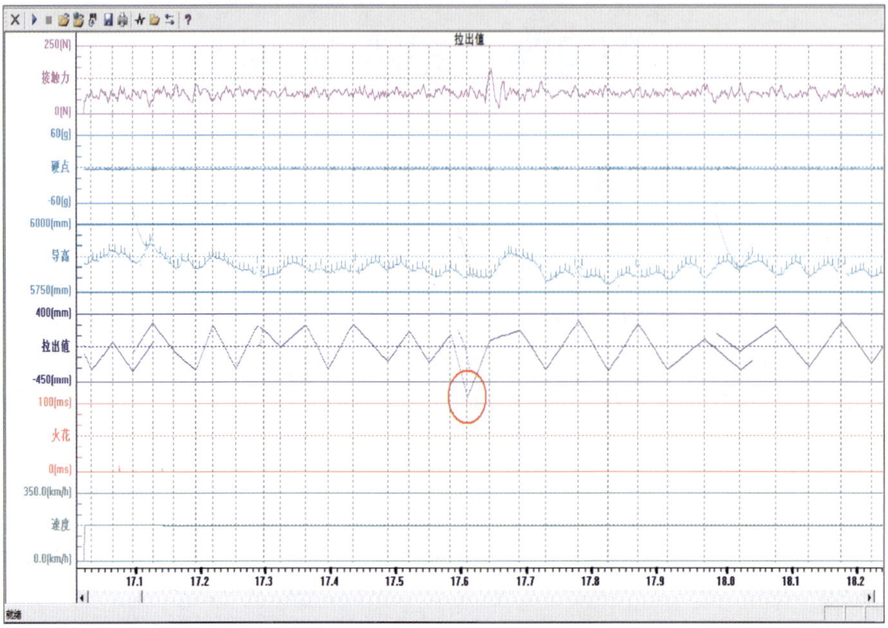

图 4-3　道岔柱拉出值缺陷检测波形

图 4-4　支柱基础位移现场

3. 某高速铁路线路综合检测发现一定位点拉出值与历史数据对比存在趋势性变化，检测波形如图 4-5 所示。通过 2C 视频分析发现该定位管异常低头，对比分析发现该处套管单耳滑移，视频截图如图 4-6 所示。

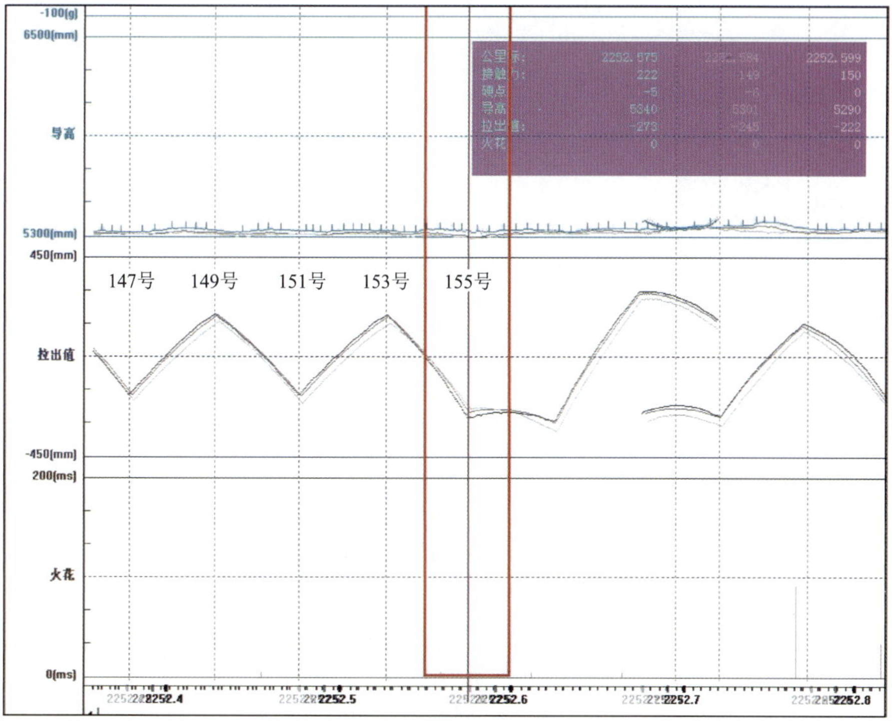

图 4-5　拉出值异常检测波形

图 4-6　定位器异常低头视频截图

二、接触线高度案例

1. 某高速铁路线路联调联试期间检测出接触线高度一级缺陷，检测波形如图 4-7 所示。通过天窗点检查发现该定位点双套筒连接器螺栓松动，向线路侧滑移至承力索座位置，平腕臂严重低头。现场复核情况如图 4-8 所示。

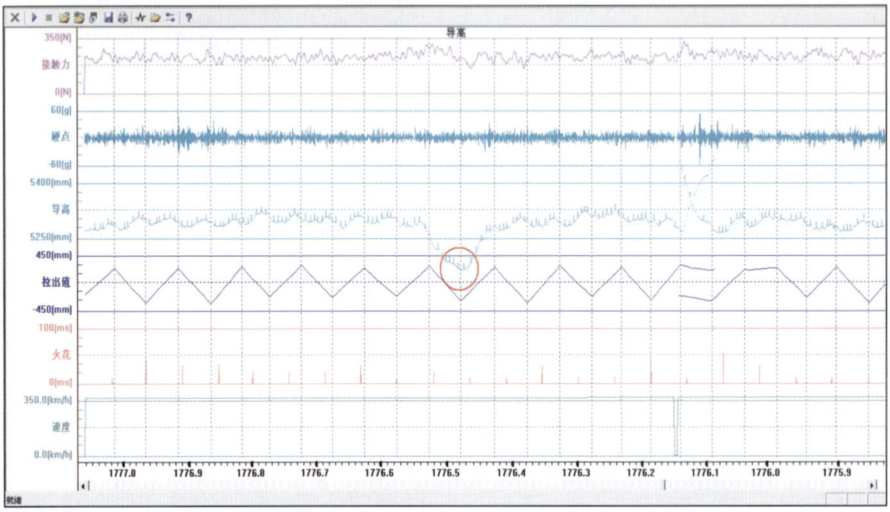

图 4-7　接触线最小高度缺陷检测波形

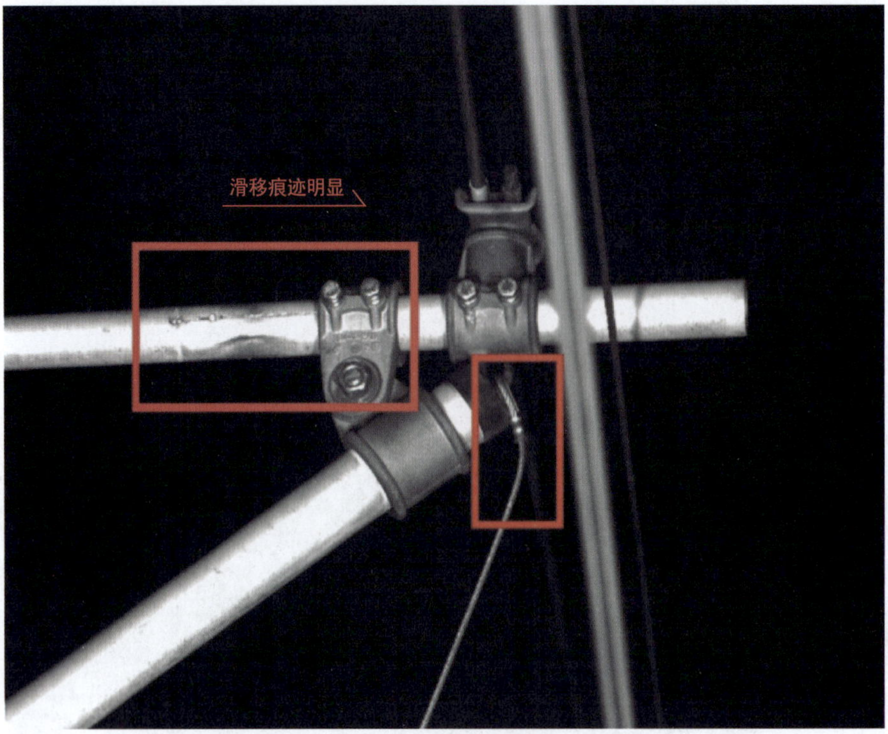

图 4-8　双套筒连接器滑移

2. 某高速铁路线路综合检测发现区段内接触线高度整体偏低，均超出二级缺陷管理阈值，检测波形如图 4-9 所示。经分析该线路为有砟轨道线路，工务连续对病害道床整治抬道后造成轨面线上移，接触线高度降低，达到一级缺陷。缺陷区段最小接触线高度缺陷整治前后检测波形如图 4-10 所示。

图 4-9　区段最小接触线高度缺陷检测波形

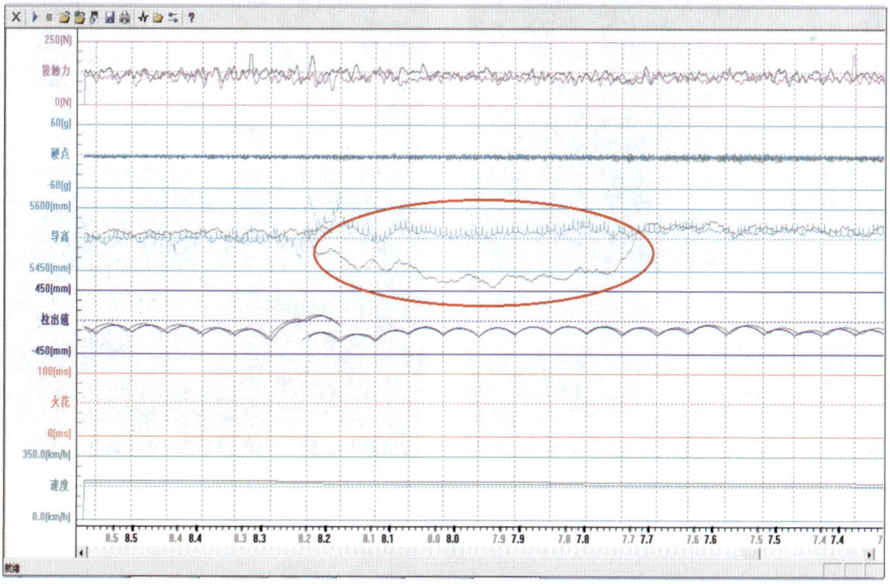

图 4-10　区段最小接触线高度缺陷整治前后检测波形

3. 某高速铁路线路综合检测出接触线最大高度一级缺陷，相同位置同时出现弓网接触力、硬点较大值，检测波形如图 4-11 所示。经分析该缺陷位置为中心锚结处。现场复核发现，一侧接触线中心锚结绳受力过紧，造成两端吊弦不受力，进一步检查发现该锚段一侧接触线坠砣限制框架偏斜，滑轮组偏磨卡滞。现场复核情况如图 4-12 所示。

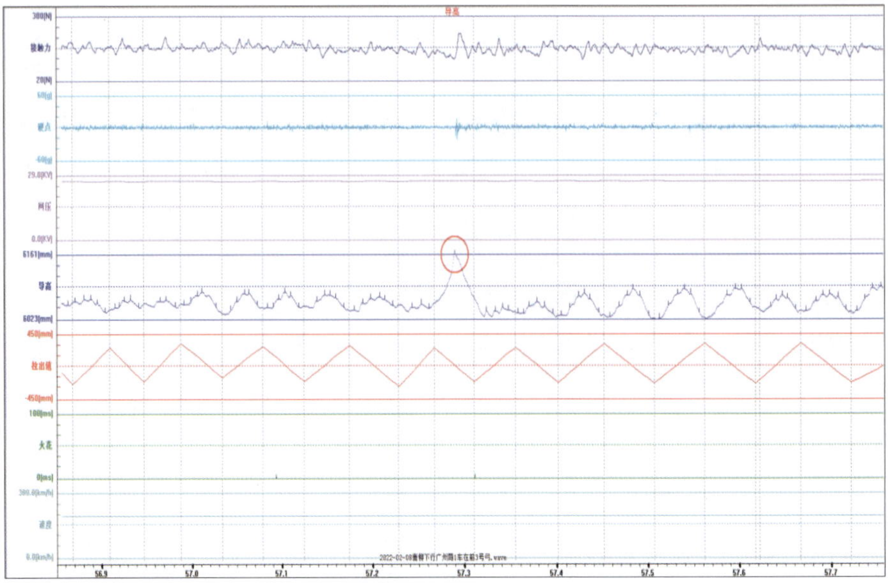

图 4-11　接触线最大高度缺陷检测波形

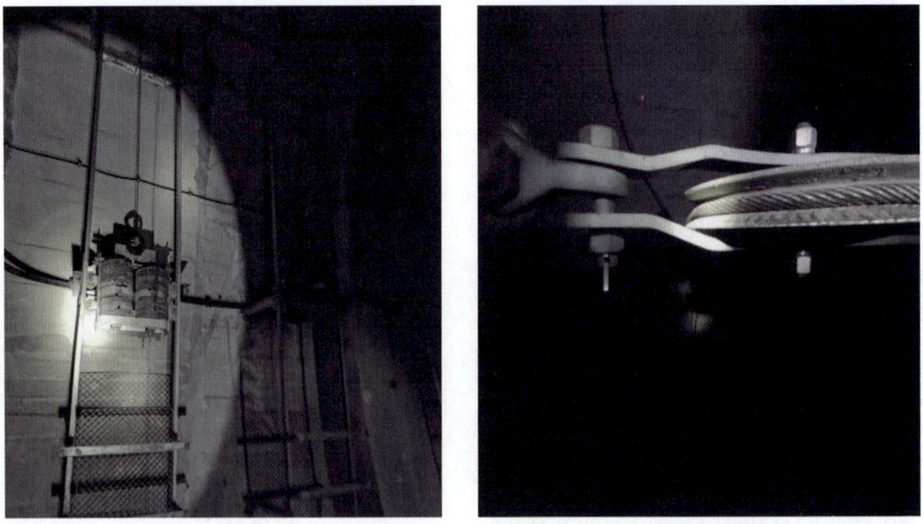

（a）现场补偿　　（b）偏磨滑轮

图 4-12　现场复核情况

三、硬点案例

1. 某高速铁路线路检测出连续硬点缺陷，检测波形如图 4-13 所示。现场检查发现接触线存在磨耗不均匀，整锚段接触线上有连续波纹形硬弯。现场复核情况如图 4-14 所示。利用五轮整正器进行了三次接触线应力释放，后续检测已达标。

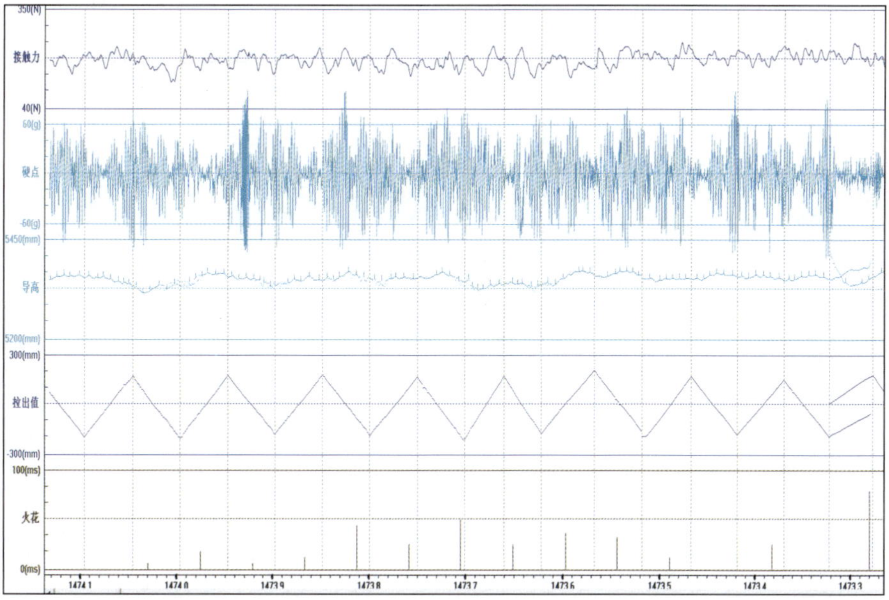

图 4-13　高速铁路接触线连续硬点缺陷检测波形

图 4-14　接触线波浪弯缺陷

2. 某普速铁路线路季度检测出硬点缺陷，检测波形如图 4-15 所示。结合平面图和视频数据分析该缺陷位于中心锚结附近，现场复核发现为中心锚结相邻定位点接触导线扭面，现场复核情况如图 4-16 所示。

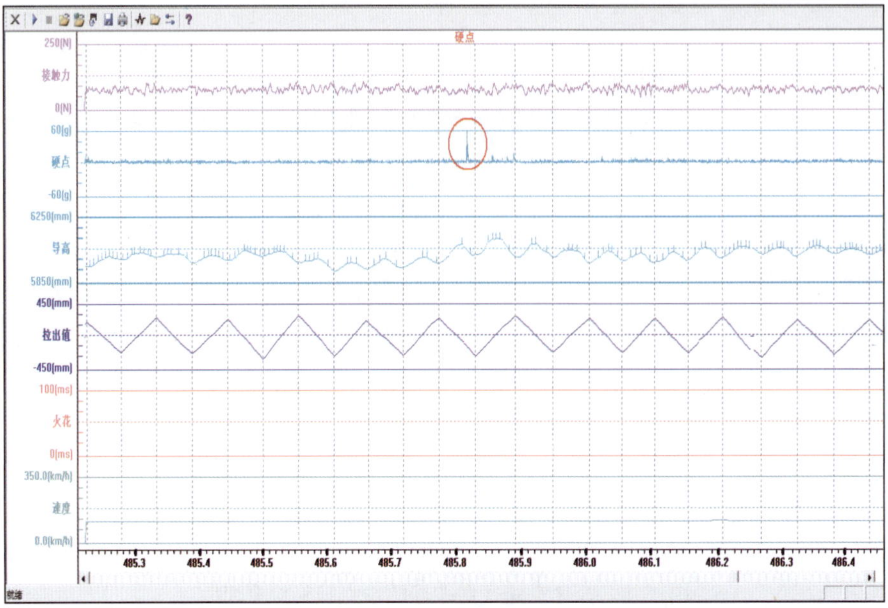

图 4-15　普速铁路接触线硬点缺陷检测波形

图 4-16　接触线扭面现场

3. 某高速铁路线路检测出硬点缺陷，检测波形如图 4-17 所示。现场复核该定位点往小里程方向 100 mm 处接触线有硬弯，接触线有 50 mm 磨耗不均匀、最大磨耗百分比 0.5%，接触线本体有 173 mm 拉弧产生的麻点。现场复核情况如图 4-18 所示。

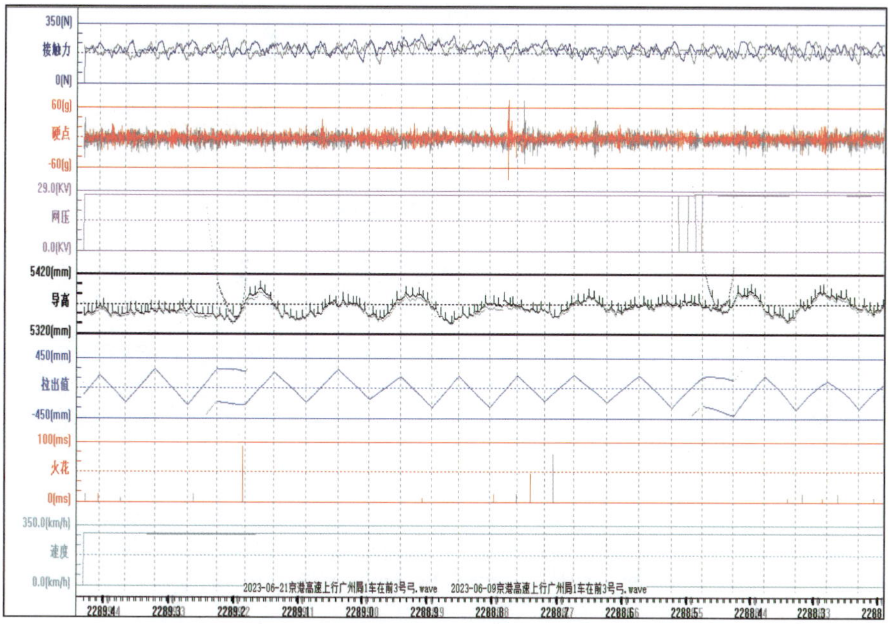

图 4-17　高速铁路接触线硬点缺陷检测波形

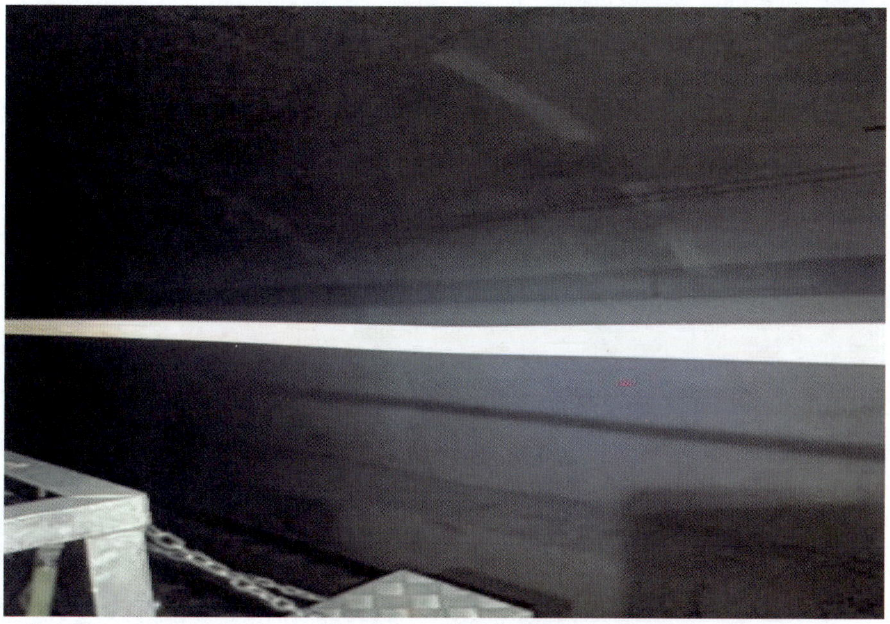

图 4-18　接触线硬弯缺陷

四、弓网接触力案例

1. 某高速铁路线路综合检测出最大接触力一级缺陷，检测波形如图 4-19 所示。现场复核并对该处定位点及相邻吊弦高度进行了调整，调整前后波形变化如图 4-20 所示。

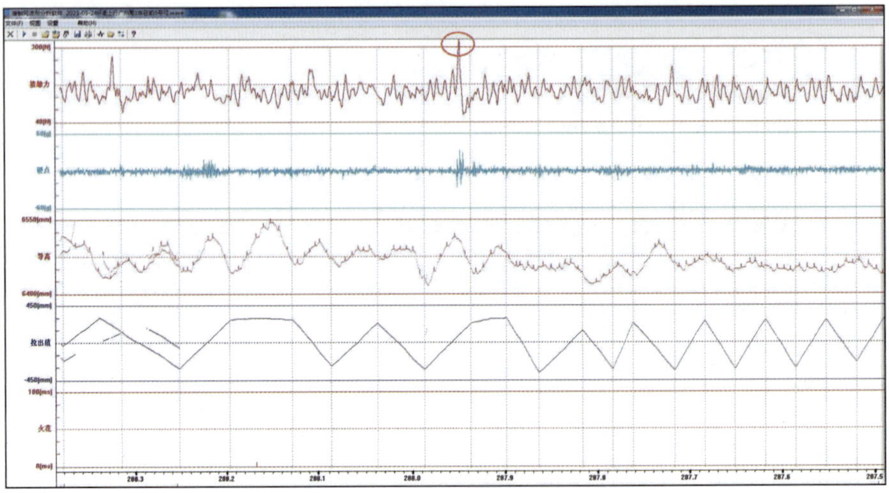

图 4-19　弓网最大接触力缺陷检测波形

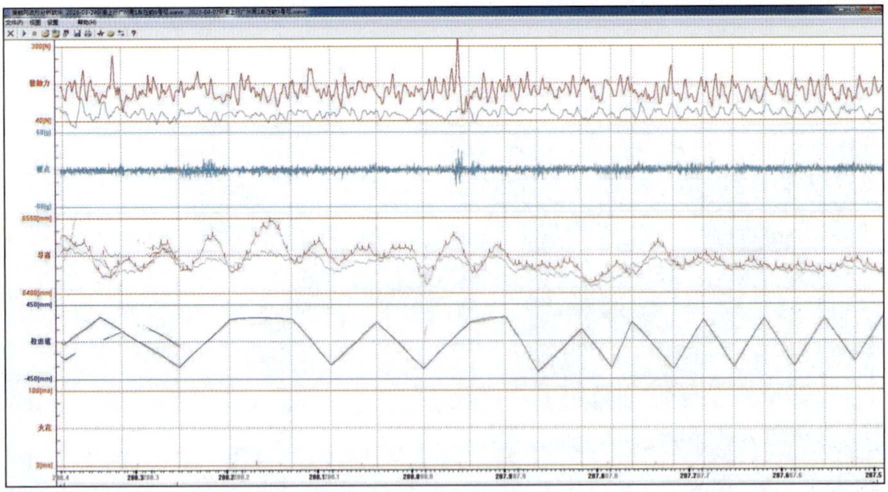

图 4-20　调整前后波形变化

2. 某高速铁路线路综合检测出弓网接触力一级缺陷，相同位置同时出现最大接触线高度一级缺陷，检测波形如图 4-21 所示。对比历史检测数据，弓网接触力和接触线高度存在逐渐增大现象。现场复核发现缺陷位置为中心锚结，一侧接触线中心锚结绳受力过紧，两端吊弦不受力，进一步检查发现一侧接触线坠砣限制框架整体倾斜，坠砣滑轮与限制框架偏磨卡滞。接触线坠砣卡滞后，接触线因热胀冷缩失去张力平衡，拉拽中心锚结造成几何参数变化，进而引起弓网接触力缺陷。现场复核情况如图 4-22 所示。

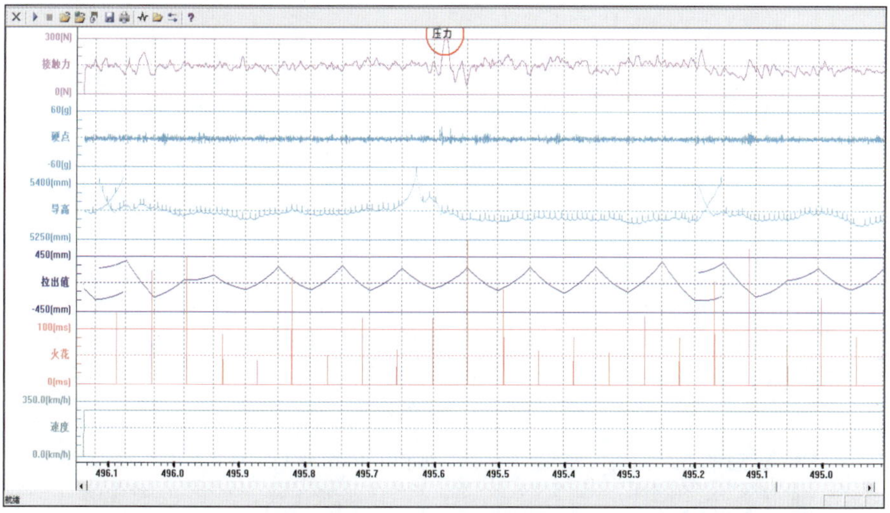

图 4-21　弓网接触力缺陷检测波形

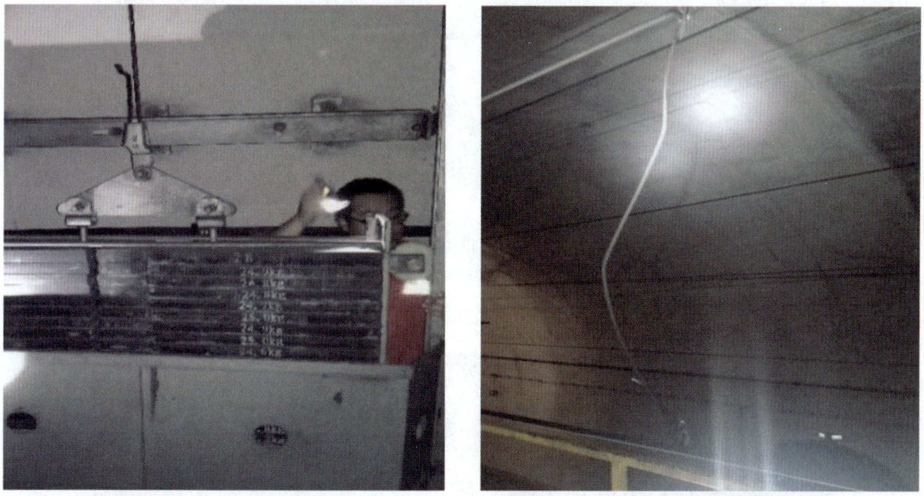

(a) 坠砣滑轮与限制框架偏磨　　(b) 中心锚结附近吊弦不受力

图 4-22　现场复核情况

五、燃弧案例

某客运专线综合检测出定位点附近燃弧一级缺陷,相同位置硬点值也有明显波动,检测波形和视频截图分别如图 4-23、图 4-24 所示。现场复核发现燃弧缺陷位置接触线有明显硬弯,该线路为新开通客运专线,硬弯应为施工所致。现场复核接触线硬弯如图 4-25 所示。

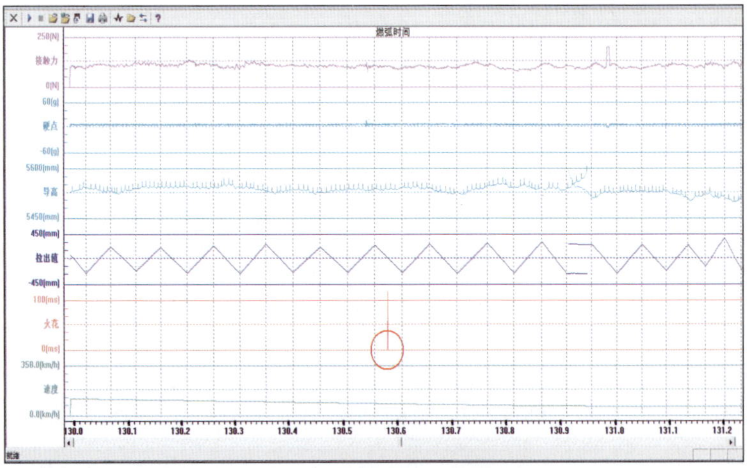

图 4-23　燃弧缺陷检测波形

图 4-24　燃弧缺陷检测视频截图

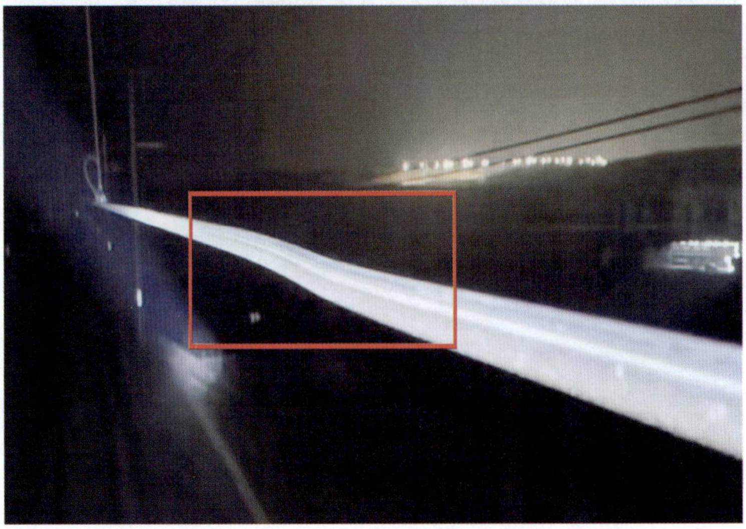

图 4-25　接触线硬弯现场

第二节　2C 典型案例

一、接触网设备有明显脱、断、偏移类

1. 吊弦载流环处断裂(图 4-26)

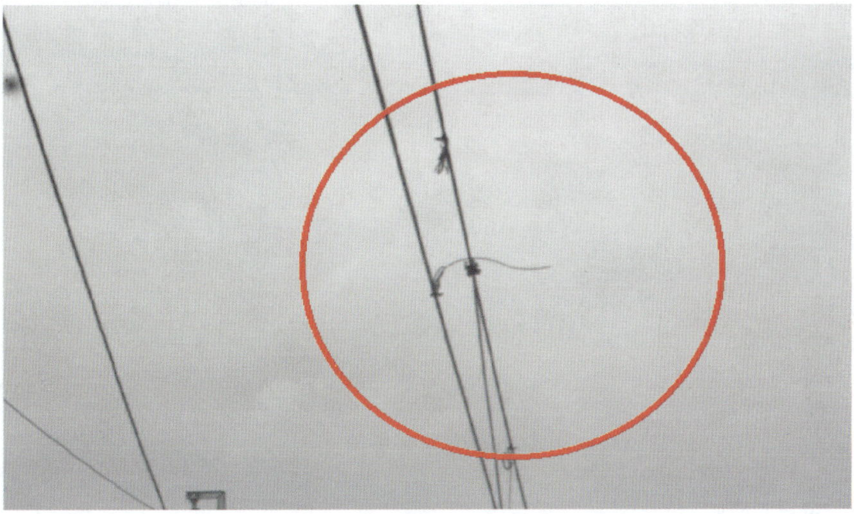

图 4-26　吊弦载流环处断裂

2. 腕臂斜撑下部脱落(图 4-27)

图 4-27　腕臂斜撑下部脱落

3. 大限界框架支撑上部脱落(图 4-28)

图 4-28　大限界框架支撑上部脱落

4. 支柱倾斜(图 4-29)

图 4-29　支柱倾斜

5. 开关引线过紧(图 4-30)

图 4-30　开关引线过紧

6. 分段绝缘器消弧角缺失(图 4-31)

图 4-31　分段绝缘器消弧角缺失

7. 补偿 b 值过小(图 4-32)

图 4-32　补偿 b 值过小

8. 中锚绳过紧,吊弦不受力(图 4-33)

图 4-33　中锚绳过紧,吊弦不受力

二、鸟窝类

1. 隔离开关底座上有鸟窝(图 4-34)

图 4-34　隔离开关底座上有鸟窝

2. 补偿装置底座处有鸟窝(图 4-35)

图 4-35　补偿装置底座处鸟窝

3. 支柱上有鸟窝(图 4-36)

图 4-36　支柱上有鸟窝

4. 硬横梁处有鸟窝(图 4-37)

图 4-37　硬横梁处有鸟窝

三、危树(竹)类

1. 树木侵限(图 4-38)

图 4-38　树木侵限

2. 竹子侵限(图 4-39)

图 4-39　竹子侵限

四、邻近施工类

邻近线路吊臂施工(图 4-40)

图 4-40　邻近线路吊臂施工

五、轻质漂浮物类

1. 跨线桥上横幅(图 4-41)

图 4-41　跨线桥上横幅

2. 农家篷布(图 4-42)

图 4-42　农家篷布

3. 塑料大棚(图 4-43)

图 4-43　塑料大棚

六、轨旁设备类

电力箱后盖板脱落(图 4-44)

图 4-44　电力箱后盖板脱落

第三节　3C 典型案例

一、燃弧类

1. 分段绝缘器燃弧(图 4-45)

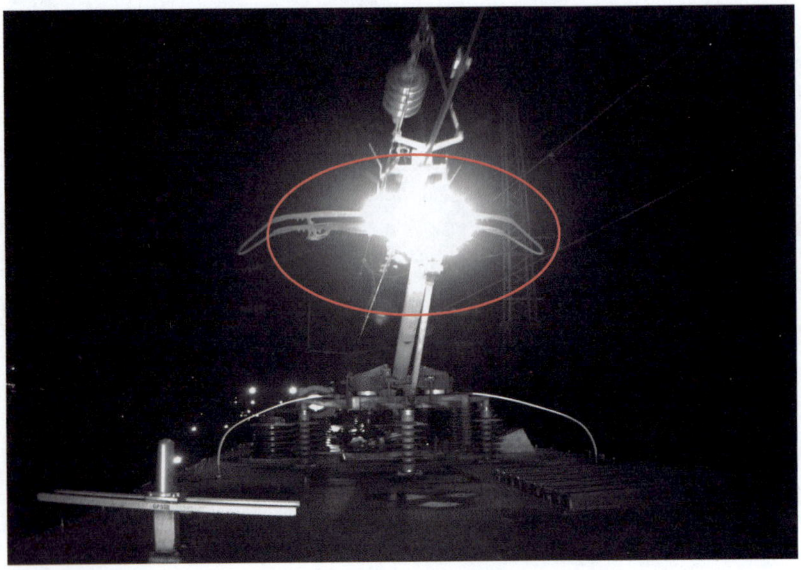

图 4-45　分段绝缘器燃弧

2. 定位线夹处燃弧(图 4-46)

图 4-46　定位线夹处燃弧

二、接触线几何参数超限类

1. 拉出值超限(图 4-47)

图 4-47　拉出值超限

2. 岔心偏移限制管中心过大(图 4-48)

图 4-48　岔心偏移限制管中心过大

三、接触网零部件松脱、断裂类

1. 承力索断股(图 4-49)

图 4-49　承力索断股

2. 吊弦断脱(图 4-50)

图 4-50　吊弦断脱

3. 分段绝缘器消弧角缺失(图 4-51)

图 4-51　分段绝缘器消弧角缺失

4. 防风拉线折断(图 4-52)

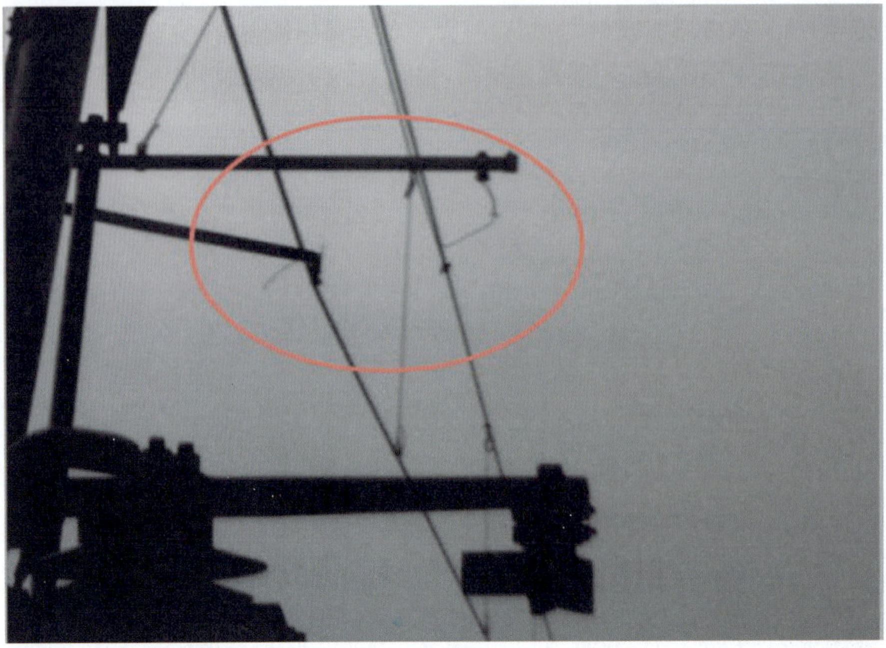

图 4-52　防风拉线折断

5. 定位支座处电气连接线脱落(图 4-53)

图 4-53　定位支座处电气连接线脱落

四、接触网零部件温度超限类

1. 隧道口 AF 线支持绝缘子发热(图 4-54)

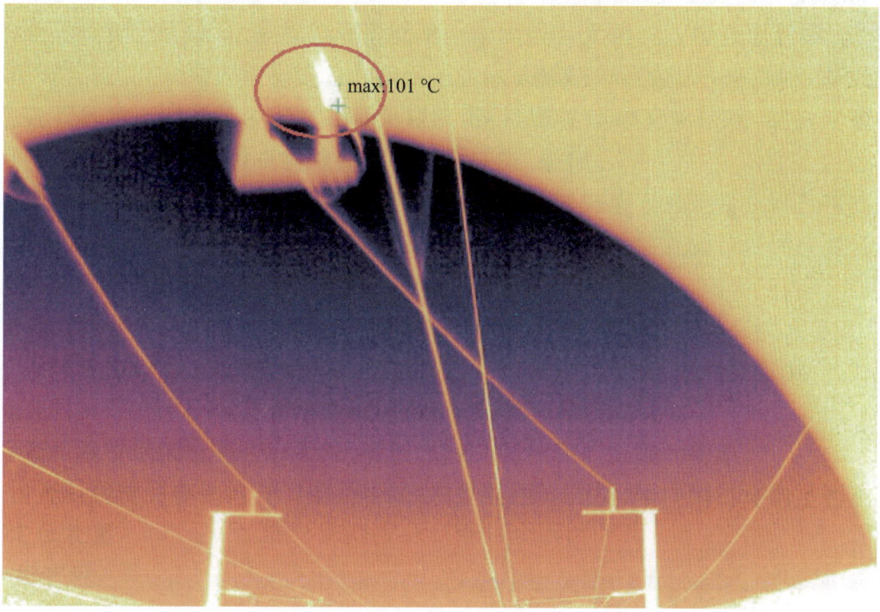

图 4-54　隧道口 AF 线支持绝缘子发热

2. 受电弓软连接线发热(图 4-55)

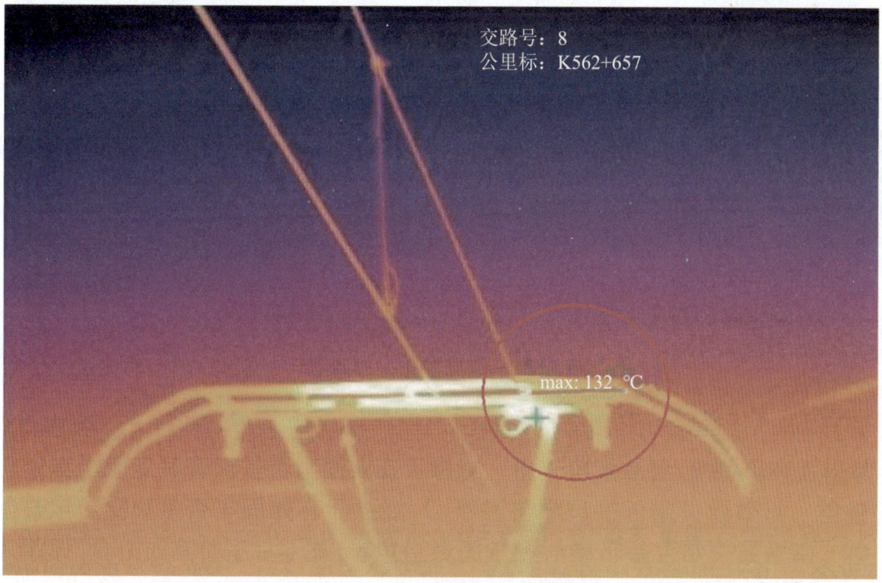

图 4-55　受电弓软连接线发热

3. AF 线对向下锚预绞丝条发热(图 4-56)

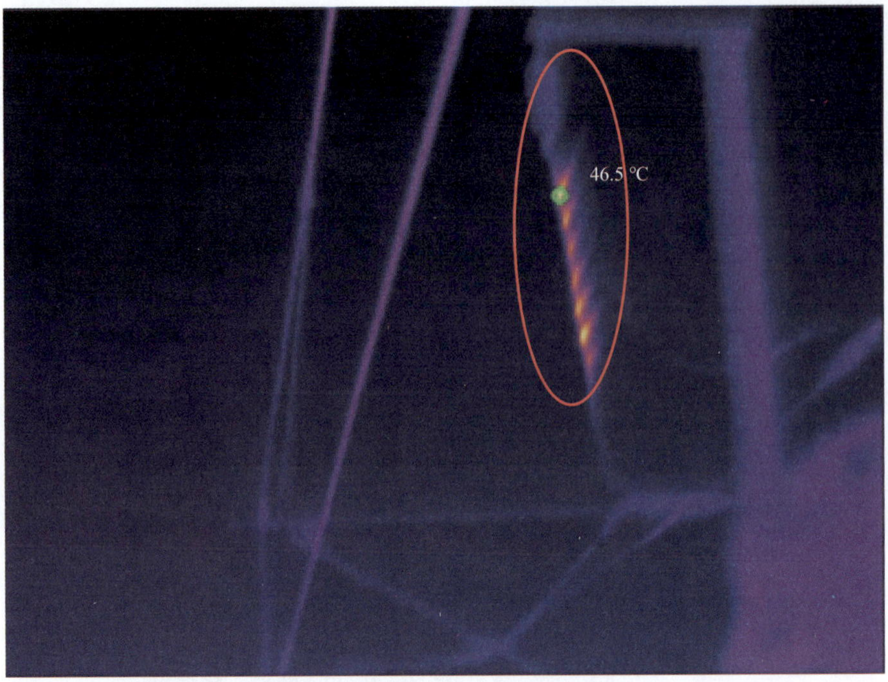

图 4-56　AF 线对向下锚预绞丝条发热

4. 隔离开关设备线夹发热(图 4-57)

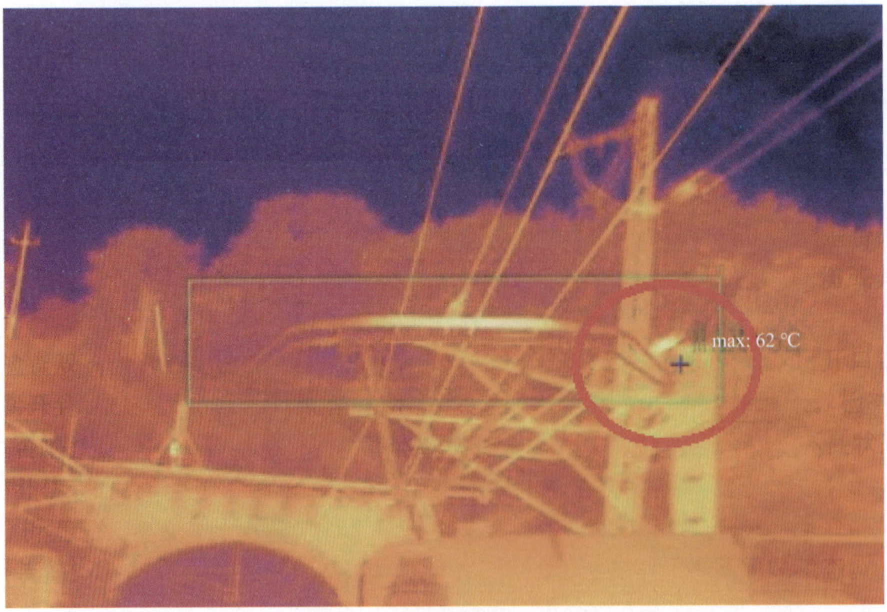

图 4-57　隔离开关设备线夹发热

5. 架空地线双耳鞍子温度异常(图 4-58)

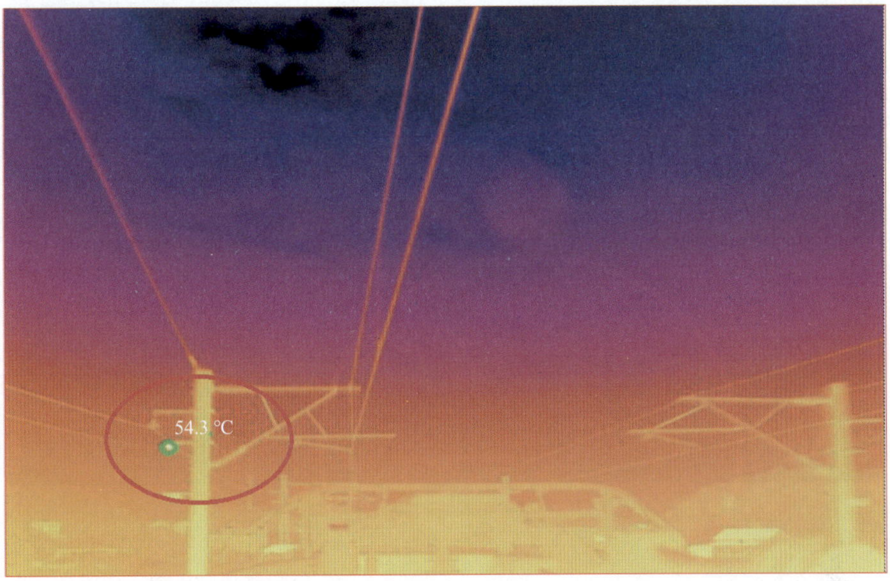

图 4-58　架空地线双耳鞍子温度异常

6. 平腕臂绝缘子温度异常(图 4-59)

图 4-59　平腕臂绝缘子温度异常

五、外部环境类

弹性吊索上挂异物(图 4-60)

图 4-60　弹性吊索上挂异物

第四节　4C 典型案例

一、支持装置

1. 平腕臂绝缘子横向销钉缺少开口销(图 4-61)

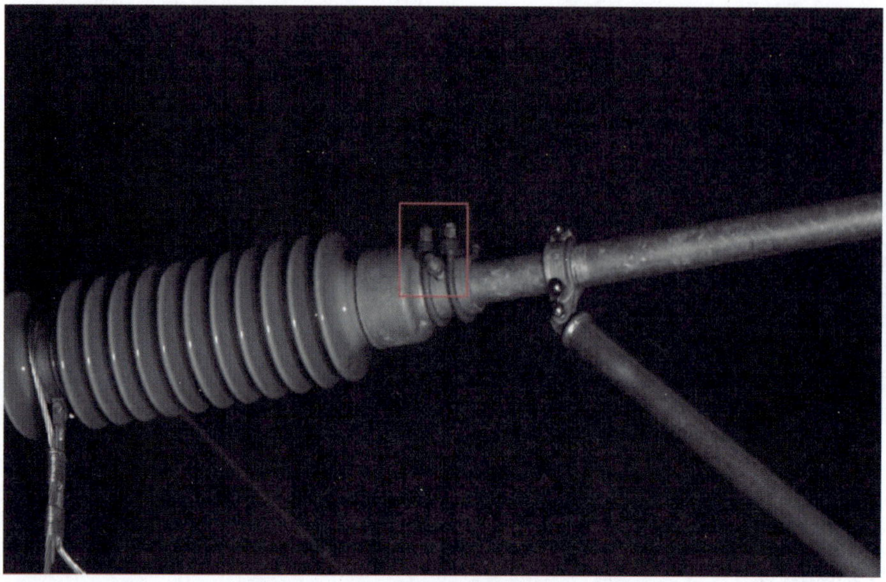

图 4-61　平腕臂绝缘子横向销钉缺少开口销

2. 平腕臂底座横向螺杆缺螺帽(图 4-62)

图 4-62　平腕臂底座横向螺杆缺螺帽

3. 平腕臂棒式绝缘子破损(图 4-63)

图 4-63　平腕臂棒式绝缘子破损

4. 腕臂支撑上部支撑管卡子开口销缺失(图 4-64)

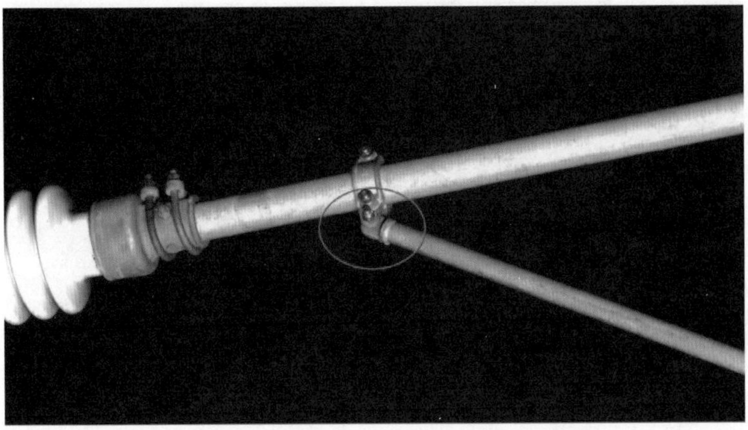

图 4-64　腕臂支撑上部支撑管卡子开口销缺失

5. 腕臂支撑下部支撑管卡子螺栓缺失(图 4-65)

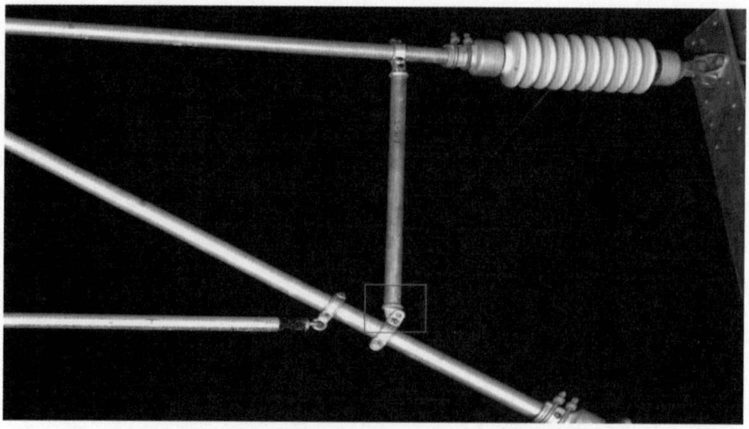

图 4-65　腕臂支撑下部支撑管卡子螺栓缺失

6. 平腕臂变形(图 4-66)

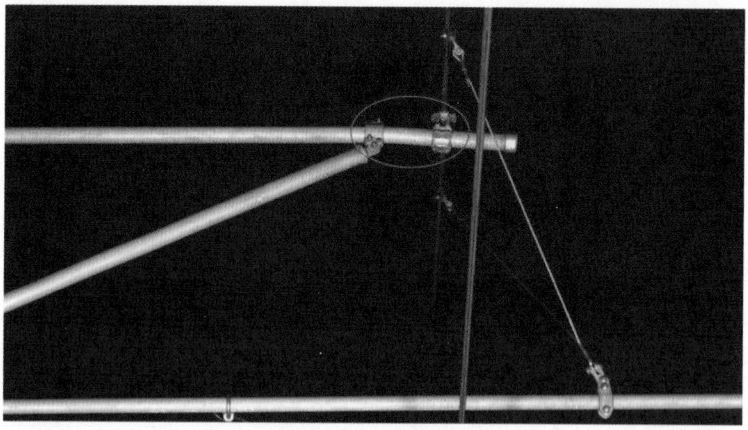

图 4-66　平腕臂变形

7. 承力索底座紧固螺栓缺失(图 4-67)

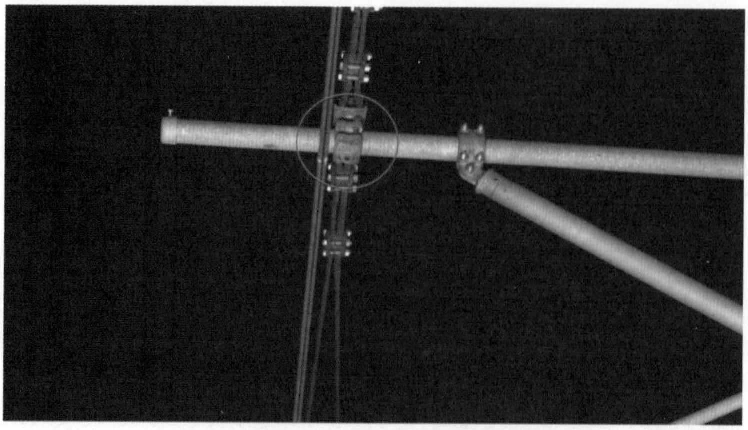

图 4-67　承力索底座紧固螺栓缺失

8. 斜腕臂底座垂直销钉穿反(图 4-68)

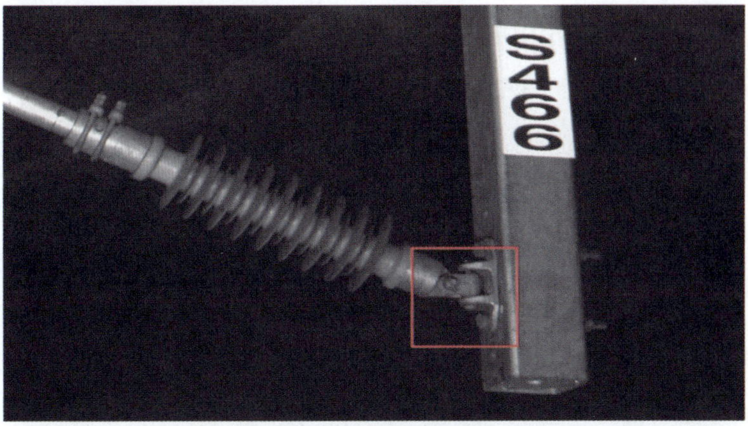

图 4-68　斜腕臂底座垂直销钉穿反

9. 斜腕臂底座螺母松动、备母缺失(图 4-69)

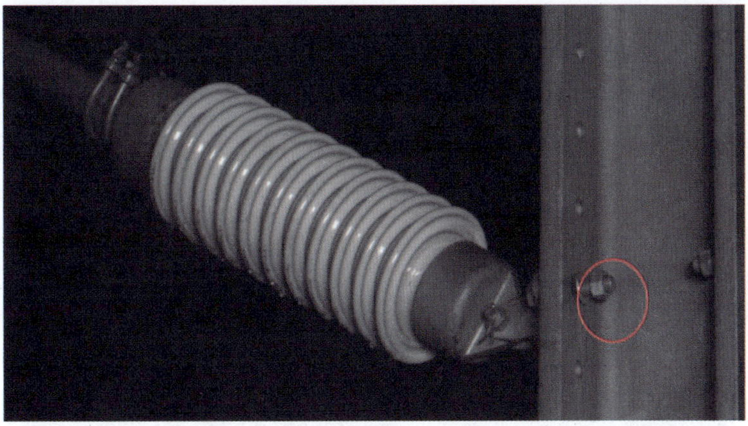

图 4-69　斜腕臂底座螺母松动、备母缺失

10. 斜腕臂绝缘子闪络(图 4-70)

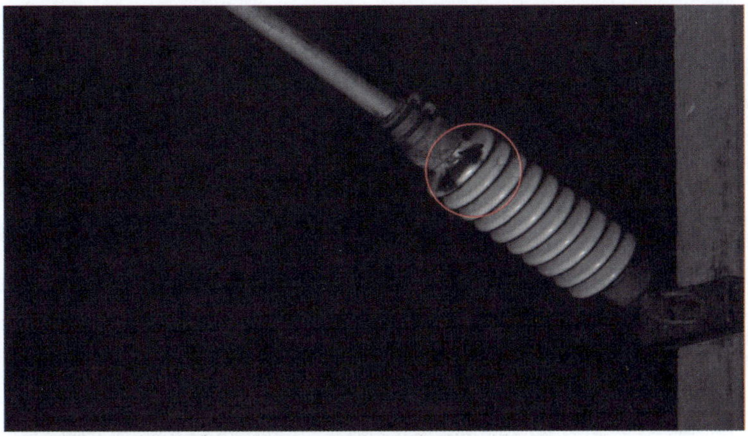

图 4-70　斜腕臂绝缘子闪络

二、定位装置

1. 定位管尾钩变形(图 4-71)

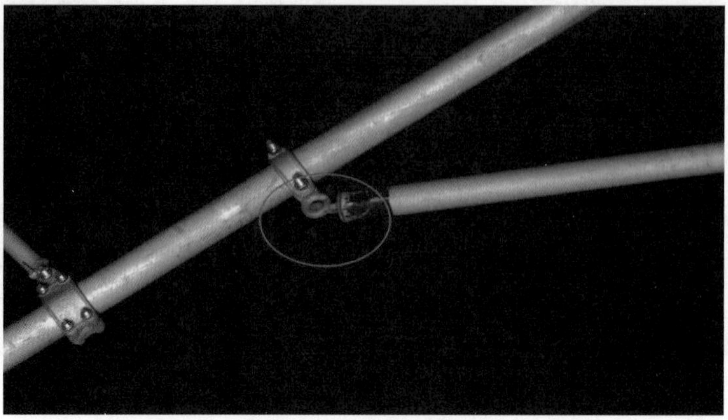

图 4-71　定位管尾钩变形

2. 定位器支座受压(图 4-72)

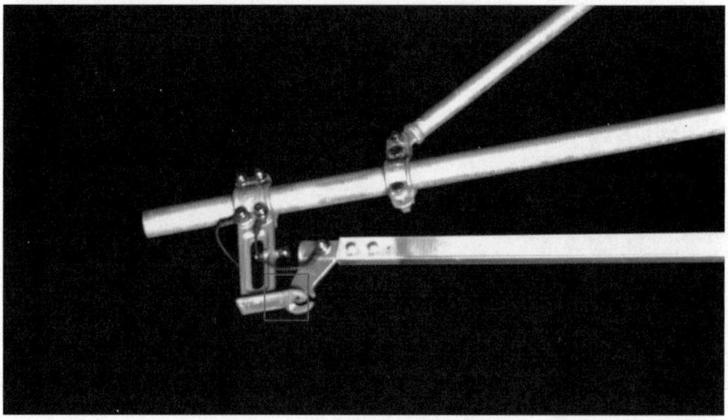

图 4-72　定位器支座受压

3. 定位器等电位线螺母缺失(图 4-73)

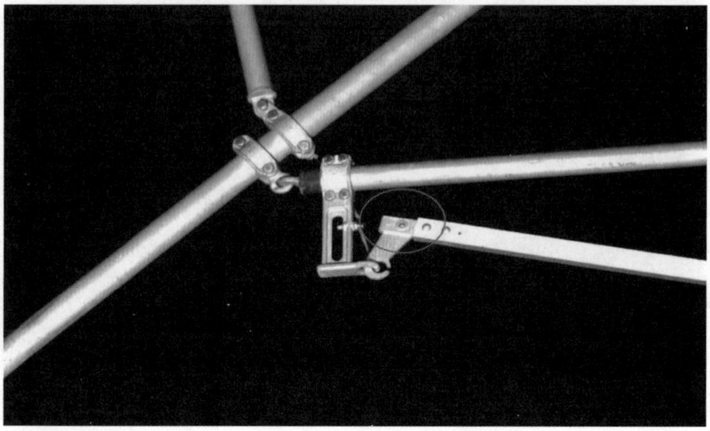

图 4-73　定位器等电位线螺母缺失

4. 防风拉线卡滞(图 4-74)

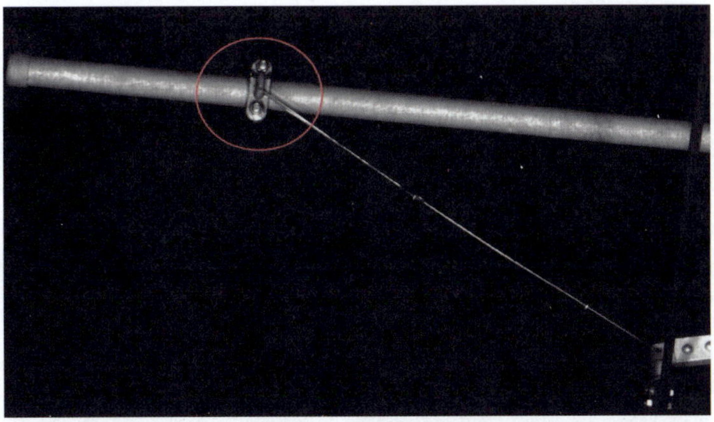

图 4-74　防风拉线卡滞

5. 定位线夹螺杆螺帽缺失(图 4-75)

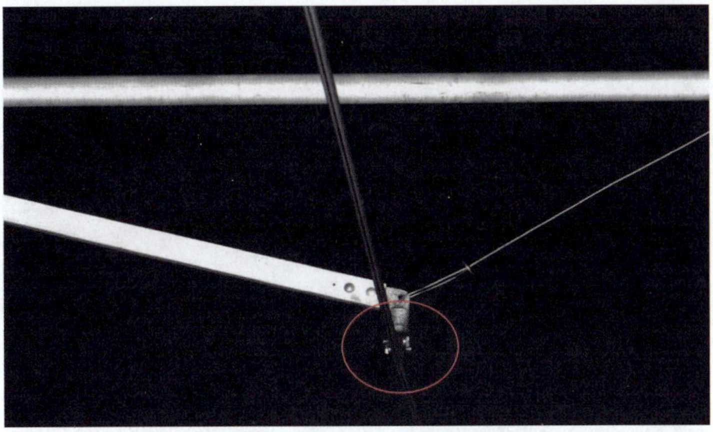

图 4-75　定位线夹螺杆螺帽缺失

6. 斜拉线与定位管管帽互磨(图 4-76)

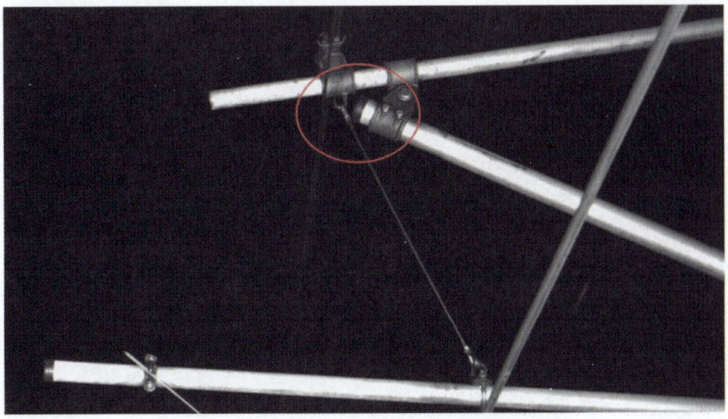

图 4-76　斜拉线与定位管管帽互磨

三、支柱及附加悬挂

1. AF 线悬式绝缘子烧伤(图 4-77)

图 4-77　AF 线悬式绝缘子烧伤

2. 架空地线肩架向下倾斜(图 4-78)

图 4-78　架空地线肩架向下倾斜

3. 下锚拉线 UT 线夹螺母松动(图 4-79)

图 4-79　下锚拉线 UT 线夹螺母松动

4. AF 线悬垂线夹 U 形螺栓缺失(图 4-80)

图 4-80　AF 线悬垂线夹 U 形螺栓缺失

5. AF 线绝缘子下部缺 M 销(图 4-81)

图 4-81　AF 线绝缘子下部缺 M 销

6. PW 线线夹盖板螺栓缺失(图 4-82)

图 4-82　PW 线线夹盖板螺栓缺失

7. 回流线断股(图 4-83)

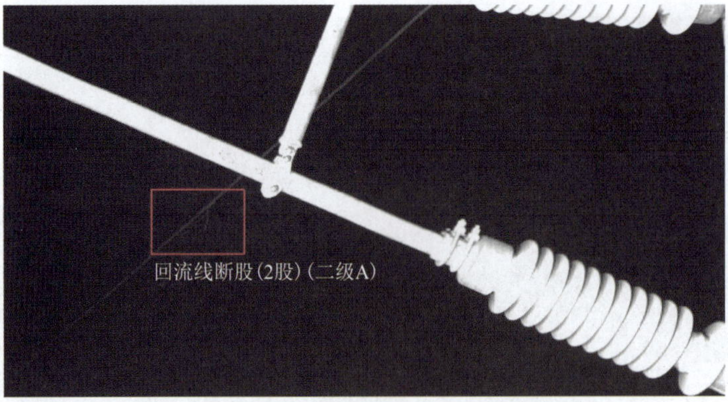

图 4-83　回流线断股

四、补偿装置

1. 滑轮补偿承力索补偿绳脱槽(图 4-84)

图 4-84　滑轮补偿承力索补偿绳脱槽

2. 棘轮制动卡块螺母松动(图 4-85)

图 4-85　棘轮制动卡块螺母松动

3. 定滑轮与双环杆连接销钉开口销缺失(图 4-86)

图 4-86　定滑轮与双环杆连接销钉开口销缺失

4. 补偿限制架上部与支柱连接角钢螺栓缺螺母、用铁丝固定(图 4-87)

图 4-87　补偿限制架上部与支柱连接角钢螺栓缺螺母、用铁丝固定

五、接触悬挂

1. 接触线硬弯(图 4-88)

图 4-88　接触线硬弯

2. 承力索断股(图 4-89)

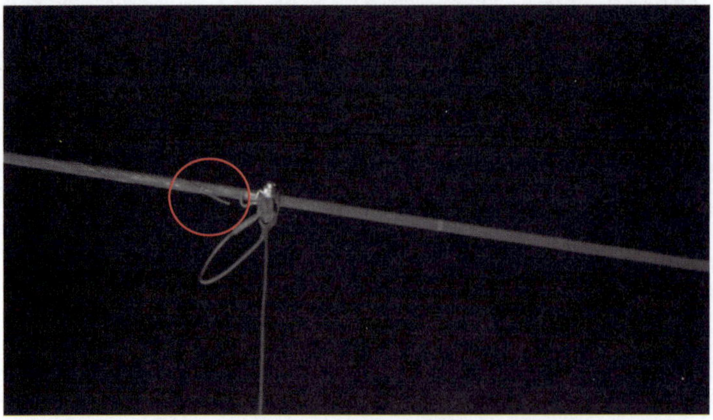

图 4-89　承力索断股

3. 电连接断股(图 4-90)

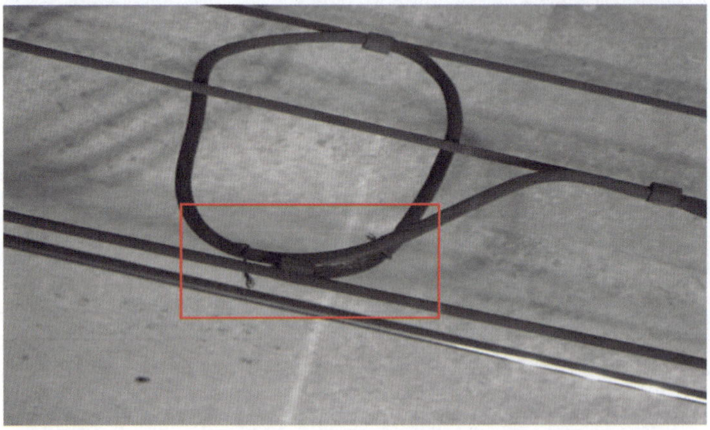

图 4-90　电连接断股

4. 电连接线夹螺栓螺母缺失(图 4-91)

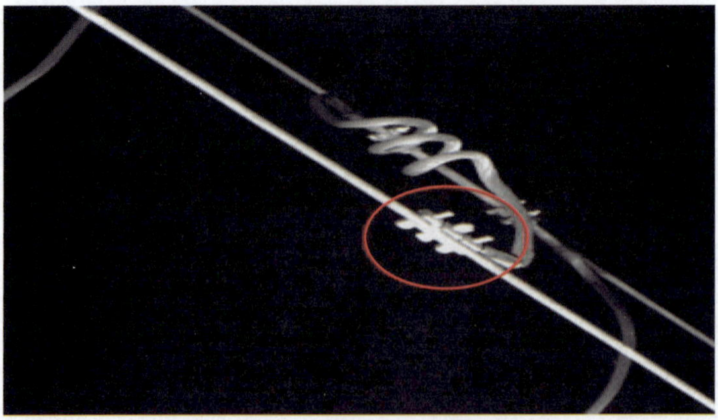

图 4-91　电连接线夹螺栓螺母缺失

5. 吊弦下端断裂(图 4-92)

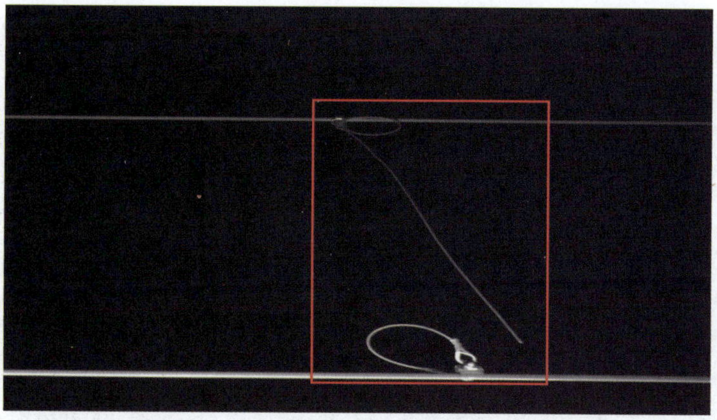

图 4-92　吊弦下端断裂

6. 承力索中心锚结线夹螺杆松动(图 4-93)

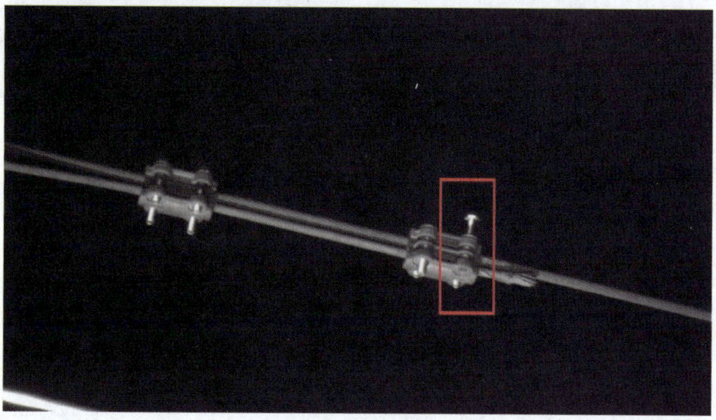

图 4-93　承力索中心锚结线夹螺杆松动

六、单项设备

1. T 型线岔线夹滑移(图 4-94)

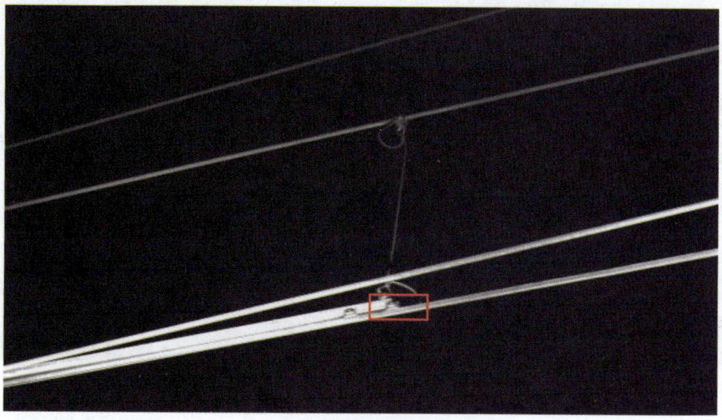

图 4-94　T 型线岔线夹滑移

2. 避雷器线夹螺栓缺失(图 4-95)

图 4-95　避雷器线夹螺栓缺失

第五节　5C 典型案例

1. 受电弓滑板异物附着(图 4-96)

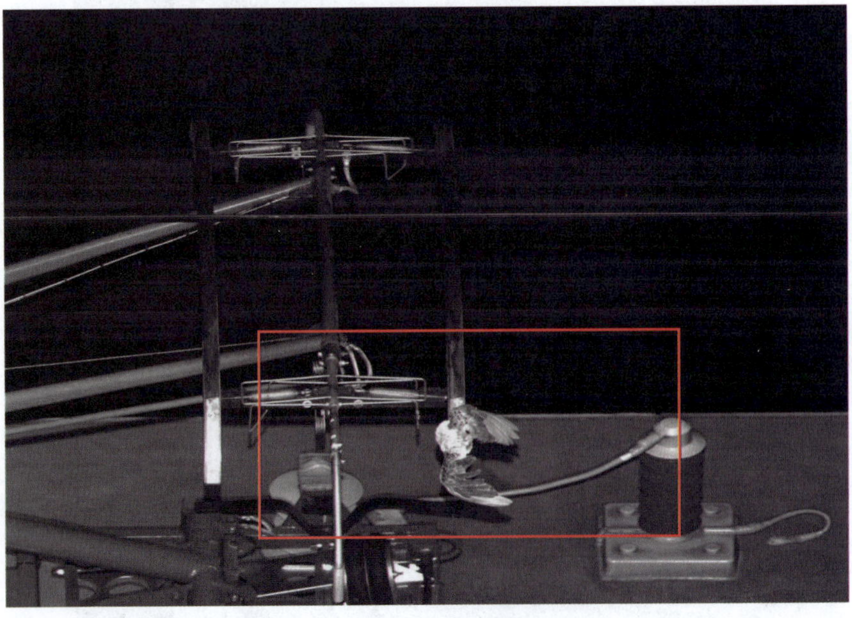

图 4-96　受电弓挂鸟

2. 受电弓严重变形(图 4-97)

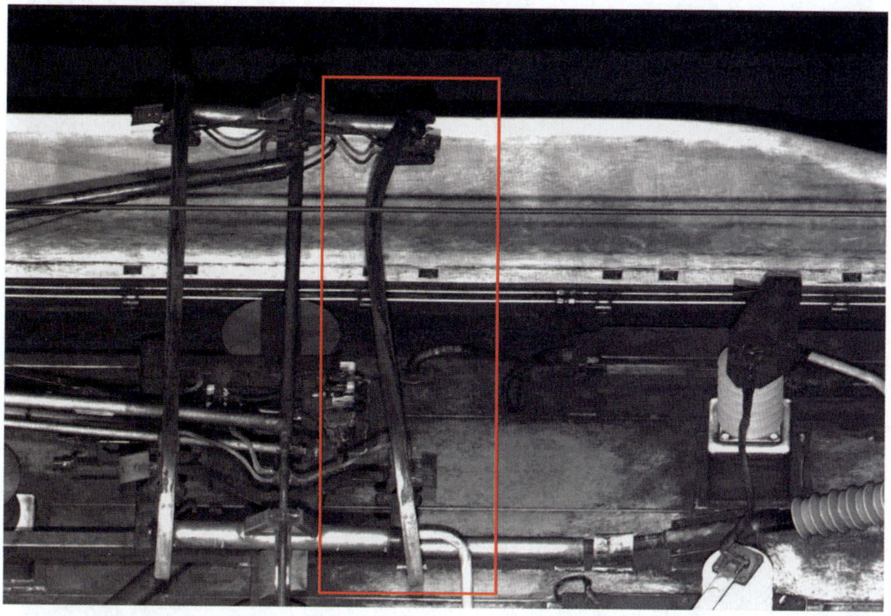

图 4-97　受电弓滑板结构异常(严重扭曲变形)

3. 受电弓滑板断裂、变形(图 4-98)

图 4-98　受电弓滑板断裂、变形

4. 受电弓弓头支架/平衡杆明显变形(图 4-99)

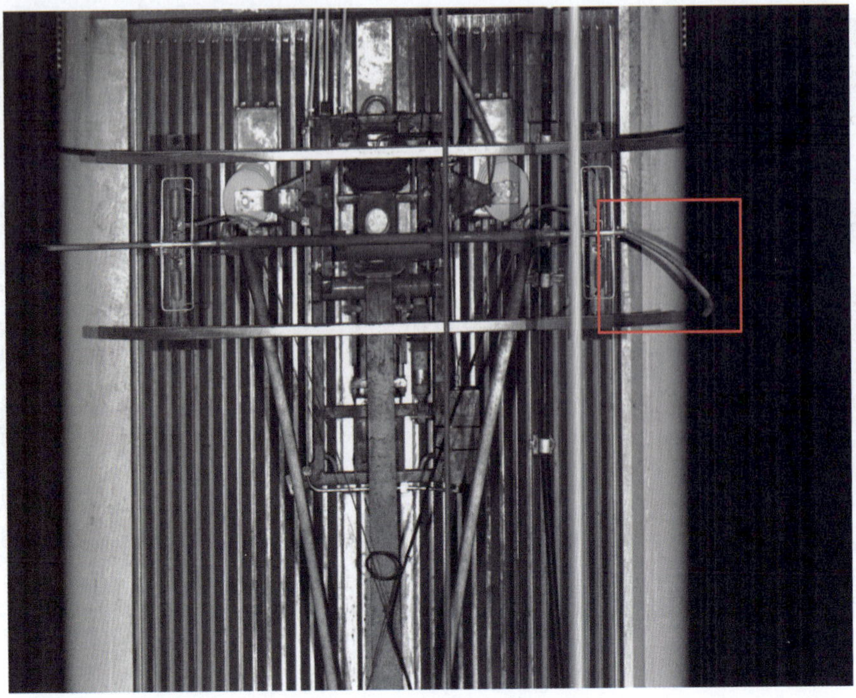

图 4-99　受电弓平衡杆变形

5. 受电弓弓头支架或连接处断裂(图 4-100)

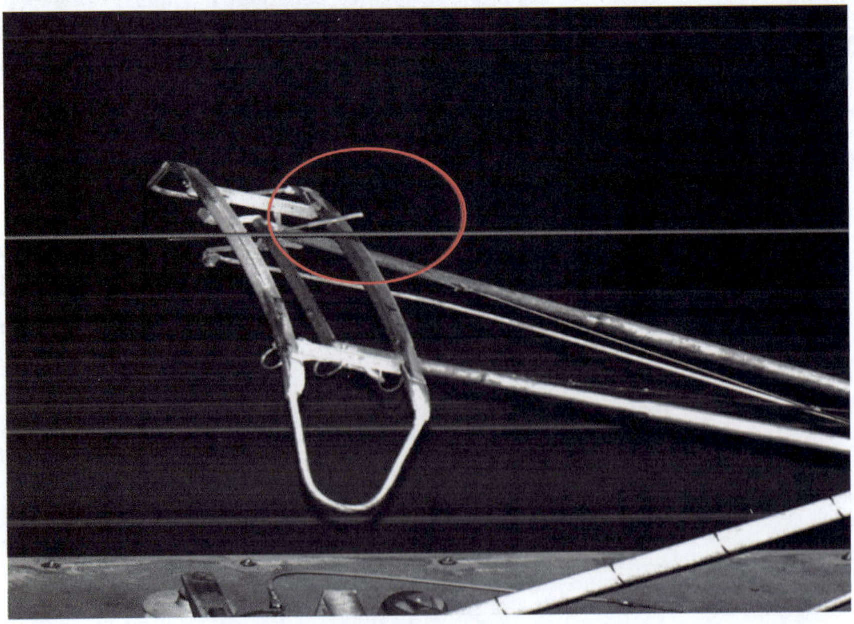

图 4-100　受电弓弓头支架或连接处断裂

6. 受电弓碳滑板有缺口(图 4-101)

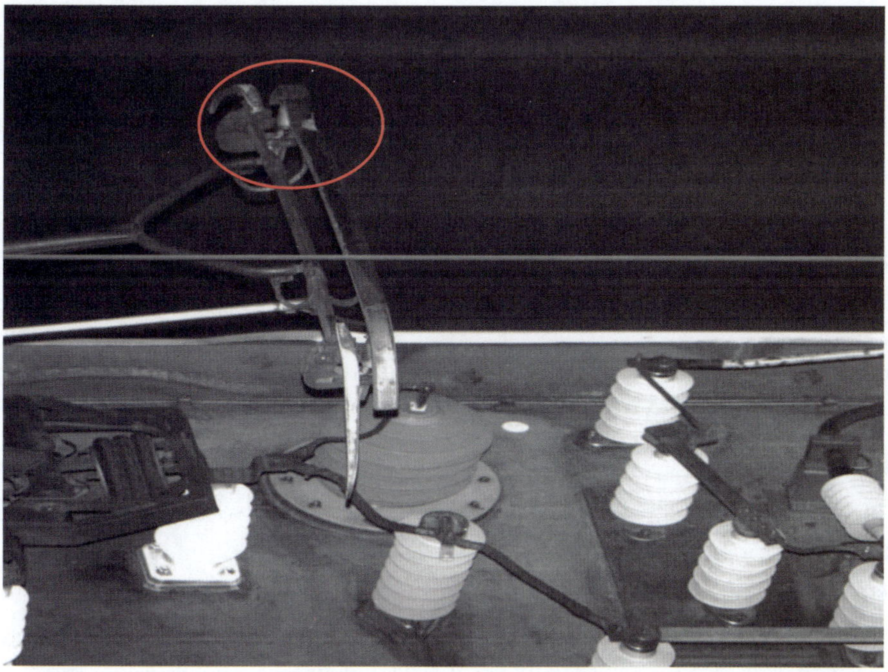

图 4-101　受电弓碳滑板有缺口

第五章　检测装置及系统的维修管理

第一节　日常维护

日常维护是按产品说明书、维修手册的要求，定期对6C系统各装置开展检查维护工作，确保设备状态良好。

一、1C装置日常维护

1. 对所有检测设备进行安全检查，确认车顶、车内和车底设备安装牢固，不存在安全隐患；确认相机镜头清洁；对所有设备上电并确认所有设备运行状态正常、装置功能完整。发现异常现象及时排查，确保正常检测。

2. 1C装置的维护保养部件按照车顶、车内、车底分类有：

(1)车顶设备：接触网几何参数检测设备、弓网接触力检测设备、弓网加速度检测设备、弓网燃弧检测设备、定位器坡度检测设备、高压端耐压试验、设备固定螺栓、绝缘子维护、相关线缆。

(2)车内设备：数据处理设备(计算机软硬件)、设备固定螺栓、相关线缆。

(3)车底设备：振动补偿检测设备、设备固定螺栓、相关线缆。

二、2C装置日常维护

1. 主要是查看装置各部件本体及安装状态，有无部件缺失、破损、松动、裂痕，金属件是否锈蚀老化，电池是否有破损、鼓包等现象，定期清洁相机镜头和显示屏幕。

2. 2C装置的维护范围涵盖装置各部件本体及安装状态检查，2C设备应存放在干燥、通风的室内，具体日常维护标准如下：

(1)装置各部件本体及安装状态检查：检查装置及各部件无缺失、无破损、无松动、无裂痕、无锈蚀。

(2)镜片检查：①用柔软的湿抹布擦拭，保证镜片无油污、灰尘、霉斑；②镜头完整，无裂痕，无磕碰；③镜头粘合良好，不影响透明度。

(3)电源检查：检查外接电源能否满足设备运行要求；检查电池的外观是否破损，电池的电量能否满足本次检测的要求。

(4)存储介质(内存卡或硬盘)：检查存储介质有无损坏、存储容量是否清零。存储及读取速度应不低于接口速度的95%。

(5)软件：检查软件功能是否正常。

三、3C装置日常维护

1. 对所有检测设备进行安全检查，确认车顶、车内设备安装牢固，不存在安全隐患；确认防护罩视窗清洁；确认所有设备状态正常。发现异常现象及时排查，确保正常检测。

2. 3C 装置具体日常维护项目及标准如下：

(1)车顶护罩是否完好无缺；

(2)红外相机视窗是否完好、干净；

(3)高清相机视窗是否完好、干净；

(4)全景相机视窗是否完好、干净；

(5)紫外传感器视窗是否完好、干净；

(6)补光灯视窗是否完好、干净；

(7)结构光相机视窗是否完好、干净；

(8)激光光源视窗是否完好、干净；

(9)激光传感器视窗是否完好、干净；

(10)连接螺栓的防松标记是否对准一致，确保车顶设备安装螺栓无松脱现象；

(11)车内设备插头是否连接正常，确保连接部件无松脱现象；

(12)打开设备机柜，检查设备机柜插头连接是否正常，有无松脱现象；

(13)通过车内主机单元上电，确认检测装置能够正常启动，并检查红外、可见光成像效果是否清晰；

(14)给设备断电，观察设备是否正常关闭；

(15)随车机械师监控设备固定螺栓有无松脱现象，设备是否正常启动工作，各项功能是否正常。

四、4C 装置日常维护

1. 对所有检测设备进行安全检查，确认车顶、车内和车底设备安装牢固，不存在安全隐患；确认相机镜头清洁；对所有设备上电并确认所有设备运行状态正常、装置功能完整。发现异常现象及时排查，确保正常检测。

2. 4C 装置具体日常维护项目及标准如下：

(1)车顶有无松脱异物，并对所有异物进行清理。

(2)车顶设备与车顶连接螺栓是否有松动主要检查部位有：玻钢护罩与玻钢护罩支架连接螺栓；支架与车顶连接螺栓；补光灯与支架连接螺栓；云台与支架连接螺栓。检查方法是用肉眼观察各连接螺栓防滑线，发现有松动及时恢复紧固。

(3)车顶设备线缆与车体绑扎是否牢固主要检查部位有：金属线槽、金属线槽出口、各条露在外面的线束。检查方法是金属线槽及线槽出口用肉眼观察是否存在散脱凸爆现象；线束用手轻拽观察是否存在与车体固定不牢现象。发现散脱凸爆现象及时恢复紧固。

(4)车顶设备镜面处理主要维护部位有：相机镜筒镜面、补光灯镜面、触发器镜面。维护方法是用干净抹布擦拭所有镜面，以保持镜面无积灰积水现象。

(5)相机连接状态检查：启动服务器上的图像采集软件后，点选相机测试项，测试系统的所有相机是否工作正常。

五、5C 装置日常维护

1. 5C 装置日常维护项目主要包括：检查检测设备安装有无松动，相机镜头是否清洁，装置功能是否完好。

2. 对所有检测设备进行检查，确认设备安装牢固，不存在安全隐患；确认相机镜头清洁；

确认设备状态正常、装置功能完整。发现异常现象及时排查,确保正常监测。

3. 5C 装置具体日常维护项目及标准如下:

(1)控制箱检查:控制箱外观应完整无破损,无严重锈蚀,打开箱盖,检查控制箱内电路板状态指示灯应符合说明书规定的"正常状态",检查完毕后锁闭箱盖。

(2)安装结构检查:观察检查各连接、固定部件有无明显的松动、锈蚀。

(3)线缆接线状态检查:检查接线是否连接良好,线缆是否无老化、破损。

(4)受电弓及车号模块检查:观察镜头是否存在污迹,如有则申请天窗进行清洁。

(5)安装支架及固定螺栓检查及维护:

①查看各类固定螺栓是否松动、螺母防松线是否移位并做拧固处理(M10 的螺栓紧固力矩为 25～32 N·m,M16 的螺栓紧固力矩为 60～70 N·m)。

②查看固定螺栓、成像模块及防护罩、安装支架、控制机柜是否锈蚀,并做防锈处理。

(6)成像模块的玻璃检查及维护:查看受电弓成像模块、车号成像模块玻璃表面是否有灰尘、油污等污染情况,玻璃表面是否完整良好。

(7)电缆检查及维护:检查电缆是否松动、老化,若电缆有松动或老化,需要对电缆重新紧固或进行防护处理。

六、6C 装置日常维护

1. 6C 装置日常维护项目主要包括:检查检测设备安装有无松动,装置功能是否完好。

2. 6C 装置具体日常维护项目及标准如下:

(1)装置各部件本体及安装状态检查:检查装置及各部件无缺失、无破损、无松动、无裂痕、无锈蚀。

(2)成像模块检查:①用柔软的湿抹布擦拭,保证镜片无油污、灰尘、霉斑;②镜头完整,无裂痕,无磕碰;③镜头粘合良好,不影响透明度。

(3)电缆检查及维护:①检查电缆是否松动、老化,若电缆有松动或老化,必要时对电缆重新紧固或进行防护处理;②检查电源能否正常启动和关闭。

七、6C 系统综合数据处理中心日常维护

1. 6C 系统综合数据处理中心日常维护主要是检查软硬件功能是否完好。

2. 6C 系统综合数据处理中心日常维护标准如下:

(1)存储介质检查无损坏,剩余存储容量不小于 250 GB,存储及读取速度应不低于接口速度的 95%;

(2)数据传输通道通畅;

(3)服务器开关机正常;

(4)软件开机测试,功能检查正常。

第二节　年度鉴定及评定

一、年度鉴定

年度鉴定是对 6C 系统各装置功能技术状态进行质量鉴定,验证装置功能及检测精度,根

据装置状态判定为合格、不合格。质量鉴定采用静态验证、动态验证的方式进行。

年度鉴定由局集团公司组织，一般与评定工作同步进行。

二、评　　定

评定是指使用标准的计量仪器，对具有精确测量功能的装置进行精确度检测，评定的结果分为合格、不合格。评定工作包括：功能检查评定、静态检查评定和动态检查评定。

（一）功能检查评定

功能检查评定包括硬件检查和功能评定。

1. 硬件检查

硬件检查是指评定人员依据设备合格证、说明书等材料，核对设备品牌、型号、技术参数、安装状态，逐项验证装置硬件设备技术指标。

2. 功能评定

功能评定是指评定人员按照装置功能逐项检查，逐项打开检测装置各模块，验证检测装置功能。

（二）静态检查评定

静态检查评定是指评定人员在静态条件下采用专用测试设备和方法，对各装置的关键技术指标进行静态检查评定。

1. 1C 装置的静态检查评定项目及方法

（1）弓网接触力

在受电弓滑板设定不少于 5 处位置，采用 2 个 5 kg 标准砝码悬挂在受电弓滑板水平方向不同位置组合测试，记录不少于 10 组检测装置测量值，评价测量准确性。

（2）硬点

对硬点检测装置施加冲击，改变冲击加速度大小，范围为 0～100g，进行 10 组试验，通过对比标准加速度传感器的测量值与硬点检测装置的测量值，评价测量准确性。

（3）接触网几何参数

采用便携式接触网几何参数评定设备，对接触网几何参数系统进行评定。调整评定用接触线的高度和水平位置，设置不同的接触线高度和拉出值，调整范围涵盖检测装置测量范围。分别记录不少于 10 组数据，通过分析评定设备设置数据与检测装置输出数据的误差，评价测量准确性。

（4）燃弧时间、接触网电压、受电弓受流电流

具备第三方机构出具的有效期内的技术指标检验证明材料。

（5）弓网视频

随机抽取一段时长 5 min 视频数据，分析视频分辨率及采集帧频，验证技术指标。

2. 2C 装置的静态检查评定项目及方法

随机抽取一段时长 5 min 视频数据，分析视频分辨率及采集帧频，验证技术指标。

3. 3C 装置的静态检查评定项目及方法

采用标准黑体炉放置在受电弓运动平面不同位置，测试红外测温系统的准确性、均匀性和连续工作稳定性。

（1）设置标准黑体温度为 50 ℃、100 ℃、150 ℃、200 ℃，读取检测装置测量值，对准确性进

行评定。

(2)设置标准黑体温度为 100 ℃,按照 9 区域法放置在成像区域内的不同位置,读取 9 组数据,对测温均匀性进行评定。

(3)设置标准黑体温度为 50 ℃,间隔 5 min 读取一组检测装置测量值,读取 10 组数据,对连续工作稳定性进行评定。

注意:提前联系厂家准备好标准黑体炉,并根据 3C 装置入库时间申请天窗开展功能检查评定和静态检查评定。

4. 4C 装置的静态检查评定项目及方法

(1)成像质量

抽取不少于 10 组不同拍摄区域的图像,分析成像区域、图像分辨率、清晰度等指标,验证成像质量。

(2)自动识别

从标准图像库中随机抽取包括支持装置、接触悬挂、附加悬挂三个识别区域的正常图片不小于 1 500 张、缺陷图像不少于 300 张,验证数据分析软件的自动识别功能。

(3)接触网几何参数

同 1C 装置的评定方法。

5. 5C 装置的静态检查评定项目及方法

抽取 10 个弓架次采集数据,对受电弓滑板、车号等图像质量进行评定。

6. 6C 装置的静态检查评定项目及方法

选择 10 组数据进行分析,对成像质量、数据稳定性进行评定。

7. 6C 系统综合数据处理中心的静态检查评定项目及方法

分别导入 6C 系统各装置检测监测数据,每种数据各 10 组,使用 6C 中心进行分析处理,核对数据更新、统计查询、历史对比等功能,对数据处理准确性进行静态检查评定。

(三)动态检查评定

评定人员在运行工况中抽取昼间、夜间、高速运行等典型应用场景的检测数据,通过数据分析进行动态检查评定。

1. 1C 装置的动态检查评定项目及方法

(1)接触几何参数、定位器坡度

采用检测装置测量数据与人工测量数据对比的方式,评价测量准确性。

(2)数据输出间隔

对等距离数据输出间隔的检测数据,随机抽取记录长度不少于 1 km 的检测装置数据,检验等距离数据输出间隔是否满足技术要求。

2. 2C 装置的动态检查评定项目及方法

在天气条件良好环境下使用 2C 装置进行数据采集工作,随机抽取 10 组支柱位置,对接触悬挂、支持装置、附加悬挂及外部环境成像效果进行评定。

3. 3C 装置的动态检查评定项目及方法

通过数据分析,对定位准确性、接触网动态几何参数、燃弧参数进行重复性检查评定。

(1)接触网动态几何参数、定位

抽取相同线路、相同区段、相同速度条件下的 3 次不少于 1 km 数据,对接触网动态几何参数重复性、定位准确性进行评定。

（2）燃弧

抽取 10 组燃弧报警信息，核对视频图像有无燃弧现象，对燃弧检测功能进行评定。

4. 4C 装置的动态检查评定项目及方法

动态检查评定在实际线路上进行，选择涵盖站场、正线、隧道、直线、曲线等场景，正线长度不少于 10 km，按照规定的允许速度进行，完成不少于 3 次的重复性检测，对检测数据进行对比分析验证。

（1）定位

记录高清成像装置与接触网几何参数装置的检测数据，抽取 20 组数据，对比定位点车的线路定位基础数据，分析定位功能技术指标。

（2）高清成像

对比成像图片数量与目标对象数量，检验漏检率。抽取 10 组图像，评价成像质量。

（3）接触网几何参数和数据输出间隔

同 1C 装置的评定方法。

5. 5C 装置的动态检查评定项目及方法

随机抽取天气条件良好的昼间、夜间环境下 10 个弓架次数据，对装置功能进行动态检查评定。

6. 6C 装置的动态检查评定项目及方法

使用 6C 装置进行数据采集工作，抽取 10 组数据，检查数据采集、成像质量、数据传输、数据报警等功能，对数据有效性进行评定。

7. 6C 系统综合数据处理中心的动态检查评定项目及方法

使用 6C 系统综合数据处理中心进行数据分析处理，分别选择 6C 系统各装置检测监测数据，每种数据各 10 组，进行数据查询、关联查询、历史对比等操作，对数据交互、分析处理、结果展示等功能进行动态评定。

（四）有关要求

1. 6C 中心评定工作应严格执行国家及国铁集团的相关规定、技术标准，提供的 6C 系统评定数据和报告应科学、准确、公正。

2. 6C 中心的评定工作由铁路基础设施检测中心组织，铁路局集团公司实施，铁路基础设施检测中心抽查监督。评定完成后 30 个工作日铁路局集团公司出具评定报告，并提交铁路基础设施检测中心统一归档管理。

3. 所有 6C 装置应在投入运行前进行评定，投入运行满半年后纳入下一次评定计划。

4. 评定结果为不合格的装置需进行检修，重新评定合格后方可投入使用。

5. 评定人员需经过相关培训，获得铁路机车设施检测中心颁发的证书方可从事评定工作。

6. 评定数据采用置信区间的评价方法，以 95％置信水平，求所获得的数据组误差数据的置信区间，若置信区间落在评价允许的误差范围内，则该项参数评定为合格。

参 考 文 献

[1] 中国铁路总公司. 高速铁路接触网运行维修规则：TG/GD 124—2015[S]. 北京：中国铁道出版社，2016.

[2] 中国铁路总公司. 普速铁路接触网运行维修规则：TG/GD 116—2017[S]. 北京：中国铁道出版社，2017.

[3] 中华人民共和国铁道部. 高速铁路供电安全检测监测系统（6C 系统）总体技术规范[Z]. 2012.

[4] 中国铁路总公司. 高速弓网综合检测装置（1C）暂行技术条件[Z]. 2014.

[5] 中国铁路总公司. 接触网安全巡检装置（2C）暂行技术条件[Z]. 2014.

[6] 中国铁路总公司. 车载接触网运行状态检测装置（3C）暂行技术条件[Z]. 2014.

[7] 中国铁路总公司. 接触网悬挂状态检测监测装置（4C）暂行技术条件[Z]. 2014.

[8] 中国铁路总公司. 受电弓滑板监测装置（5C）暂行技术条件[Z]. 2014.

[9] 中国铁路总公司. 接触网及供电设备地面监测装置（6C）暂行技术条件[Z]. 2014.

[10] 中国铁路总公司. 接触网绝缘子状态在线监测装置暂行技术条件[Z]. 2017.

[11] 中国铁路总公司. 接触网电连接线夹状态在线监测装置暂行技术条件[Z]. 2017.

[12] 中国铁路总公司. 27. 5 kV 电缆绝缘状态在线监测装置暂行技术条件[Z]. 2017.

[13] 中国铁路总公司. 接触网定位振动特性监测装置暂行技术条件[Z]. 2017.

[14] 中国铁路总公司. 接触网张力补偿装置状态在线监测装置暂行技术条件[Z]. 2017.

[15] 中国铁路总公司. 接触网设备视频监控装置暂行技术条件[Z]. 2017.

[16] 中国铁路总公司. 6C 系统综合数据处理中心暂行技术条件[Z]. 2014.

[17] 中国铁路总公司. 铁路供电安全检测监测信息综合应用总体方案[Z]. 2016.

[18] 中国铁路总公司. 高速综合检测列车通用技术条件[Z]. 2018.

[19] 中国铁路总公司. 动车组加装 3C 装置技术方案[Z]. 2015.

[20] 中国国家铁路集团有限公司. 国铁集团机辆部 工电部关于印发《机车车载接触网运行状态检测装置（机车 3C）装车技术方案及评审意见》的通知[Z]. 2022.

[21] 中国铁路总公司. 中国铁路总公司运输局关于印发《动车组车载接触网运行状态检测装置（3C）地面数据接、分析终端技术规格书（范本）》的通知[Z]. 2016.

[22] 中国铁路总公司. 高速铁路供电安全检测监测系统（6C 系统）维修管理暂行办法：TG/GD 302—2016[Z]. 2016.

[23] 中国铁路总公司. 中国铁路总公司运输局关于印发《接触网安全巡检装置（2C）运用管理指导意见》的通知[Z]. 2014.

[24] 中国铁路总公司. 中国铁路总公司运输局关于印发《动车组车载接触网运行状态检测装置（3C）运用管理指导意见》的通知[Z]. 2016.

[25] 中国铁路总公司. 中国铁路总公司运输局关于印发《接触网悬挂状态检测监测装置（4C）运用管理指导意见》的通知[Z]. 2014.

[26] 中国铁路总公司. 中国铁路总公司运输局关于印发《受电弓滑板监测装置（5C）运用管理指导意见》的通知[Z]. 2016.

[27] 中国铁路总公司基础设施检测中心. 供电安全检测监测系统（6C 系统）评定细则[Z]. 2023.

[28] 中国国家铁路集团有限公司. 接触网动态检测评价方法：Q/CR 841—2021[S]. 北京：中国铁道出版社有限公司，2021.

[29] 中国国家铁路集团有限公司. 接触网静态质量评价方法：Q/CR 842—2021[S]. 北京：中国铁道出版社

有限公司，2021.
[30] 中国国家铁路集团有限公司. 国铁集团工电部关于印发《铁路基础设施检测监测数据归集管理办法(暂行)》的通知[Z]. 2022.
[31] 中国国家铁路集团有限公司. 6C 系统数据缺陷描述规范化要求(暂行)[Z]. 2022.
[32] 中国铁路广州局集团有限公司. 广州局集团供电检测监测系统(6C 系统)运用维修管理办法[Z]. 2023.
[33] 申涛，张文轩，彭雅峰. 高速铁路弓网检测(1C)数据分析方法及应用[J]. 电气化铁道，2021，32(6)：83-86.
[34] 王卫东. 高速铁路基础设施动态检测技术[M]. 北京：科学出版社，2017.
[35] 韩通新. 高速铁路接触网检测技术[M]. 北京：中国铁道出版社有限公司，2022.
[36] 张润宝. 供电 6C 系统数据分析技术[M]. 北京：中国铁道出版社有限公司，2023.